4. Auflage August 2023

Bei Übernahme von Originalzitaten: Rechtschreibung, Zeichensetzung sowie Grammatik zum besseren Verständnis korrigiert, historische Schreibweisen wurden beibehalten. Übersetzungen i. d. R. durch den Autor.

Satz: Hoos Mediendienstleistung, Landau
Coverdesign: Grafikfee, GmbH, Bingen;
Matthias Kühl, Höhr-Grenzhausen
Druck und Bindearbeiten: CPI books GmbH, Leck
Printed in Germany

ISBN 978-3-943007-19-0

www.zeitgeist-online.de

Bereits 1935 wies die amerikanische Künstlerin Mabel Dwight auf die Profiteure von Krieg und Krisen hin: »Die Händler des Todes [Banker und Rüstungsindustrielle, Anm. d. Verf.] sind zäh und langlebig... ihr alleiniges Interesse ist das Eigeninteresse, ihr alleiniger Gott ist der Profit.... Als Politiker richtet sich ihr Interesse auf eine starke Herrscherklasse und die Bündelung der Privilegien... Was sie jedoch nur selten begreifen ist, dass der Tod ihr Anführer ist. Er liebt sie, denn er weiß, dass sie früher oder später seine Taschen füllen werden. Er weiß, dass sie Kriege und Revolutionen ausbrüten... ihre Hartnäckigkeit und ihre althergebrachte Dummheit übersteigen jedes verständliche Maß. Wir sprechen hier über Wesen, die ausgesprochen scharfsichtig, dabei aber unheilbar kurzsichtig sind. In diesem Land hassen sie das Ideal der Demokratie, doch sind sie froh über die lockeren Zügel und den Freiraum, den sie ihnen lässt.«[1]

Smedley Darlington Butler (1881–1940), Generalmajor beim United States Marine Corps, zweimal mit der Medal of Honor ausgezeichnet

»Ich war 33 Jahre und vier Monate im aktiven Militärdienst, und damals habe ich die meiste Zeit als hochgradiger Schläger für Großkonzerne, für die Wall Street und ihre Banker verbracht. Kurz gesagt, ich war ein Gauner, ein Gangster für den Kapitalismus. 1914 habe ich Mexiko und speziell Tampico für die amerikanischen Ölinteressen gesichert. Ich habe aus Haiti und Kuba einen schönen Ort für die Jungs von der National City Bank gemacht, damit sie die Einnahmen kassieren konnten. Ich habe dabei geholfen, ein halbes Dutzend zentralamerikanische Republiken zum Vorteil der Wall Street zu vergewaltigen. Von 1902 bis 1912 habe ich Nicaragua für das internationale Bankhaus Brown Brothers gesäubert. 1916 habe ich Licht in die Dominikanische Republik für die Zuckerinteressen gebracht. 1903 habe ich geholfen, Honduras reif zu machen für die amerikanischen Früchtekonzerne. 1927 habe ich in China dafür gesorgt, dass Standard Oil unbehelligt blieb. Ich hätte Al Capone einige Tipps geben können. Das Beste, was er erreichte, war in drei Distrikten (von Chicago) mit seiner Gaunerei zu operieren. Ich operierte auf drei Kontinenten.«[2]

US-Präsident Dwight D. Eisenhower warnte in seiner Abschiedsrede am 17. Januar 1961: *»Wir in den Institutionen der Regierung müssen uns vor unbefugtem Einfluss – beabsichtigt oder unbeabsichtigt – durch den militärisch-industriellen Komplex schützen. Das Potenzial für die katastrophale Zunahme fehlgeleiteter Kräfte ist vorhanden und wird weiterhin bestehen. Wir dürfen es nie zulassen, dass die Macht dieser Kombination unsere Freiheiten oder unsere demokratischen Prozesse gefährdet. Wir sollten nichts als gegeben hinnehmen. Nur wachsame und informierte Bürger können das angemessene Vernetzen der gigantischen industriellen und militärischen Verteidigungsmaschinerie mit unseren friedlichen Methoden und Zielen erzwingen, so dass Sicherheit und Freiheit zusammen wachsen und gedeihen können.«*

Inhaltsverzeichnis

Vorwort

»Herrschaft gewinn ich, Eigentum!«[3] – So begründet Faust gegenüber Mephisto sein Kolonisationsprojekt, und damit eine Herrschaft, die nicht vor der gewaltsamen Beseitigung der friedlichen Bewohner Philemon und Baucis zurückschreckt. Goethe beschrieb in seinem Faust das Industrialisierungs- und Weltkolonisierungsdrama des neuzeitlichen Menschen, das er kommen sah und das er fürchtete: Faust – der keine Grenzen mehr akzeptiert, sich an nichts mehr gebunden weiß, seine seelische Entwurzelung mit technischem Größenwahn kompensiert und dabei ohne Skrupel den Pakt mit dem Bösen eingeht, ja, ohne es zu begreifen, dessen Werkzeug wird – zieht alles um sich herum mit in den Strudel seines Machtrauschs.

Das düstere Bild, das Goethe zeichnete, ist heute weitgehend Wirklichkeit. Wir befinden uns in einem Teufelskreis aus globaler Massenproduktion, Umweltzerstörung, Krieg und Terror, der seine Wurzeln in der europäischen Hybris des 19. Jahrhunderts hat, eines Jahrhunderts der vollständigen Kolonisierung und Technisierung der Welt. Heute wird die Welt allerdings nicht mehr von einzelnen Nationen beherrscht, sondern von global agierenden Profiteuren, die im Hintergrund die Fäden ziehen, und das seit mehr als 100 Jahren. Um diesen Profiteuren und Hasardeuren auf die Spur zu kommen und nicht wieder zum Opfer ihrer zerstörerischen Machenschaften zu werden, ist es notwendig, die Muster ihrer geschickt getarnten Machtspiele aufzudecken, die uns bereits am Anfang des 20. Jahrhunderts die Katastrophe eines verheerenden Weltkriegs beschert haben, der mit nur kurzer Unterbrechung ab 1939 im Zweiten Weltkrieg seine Fortsetzung fand. *»Nur wer die Vergangenheit kennt, hat eine Zukunft«*, schrieb einst Goethes Zeitgenosse, der preußische Universalgelehrte, Entdecker und Staatsmann Wilhelm von Humboldt. Eine Erkenntnis, die heute, wo weltweit überall die Verwerfungslinien des Ersten Weltkriegs wieder aufbrechen, wichtiger ist denn je.

Vom Weltfrieden, dessen Notwendigkeit Carl Friedrich von Weizsäcker 1963 betonte – »*Wir werden in einem Zustand leben, der den Namen Weltfrieden verdient, oder wir werden nicht leben*«[4] –, sind wir weit entfernt. Die Vorboten eines neuen großen Krieges sind nicht zu übersehen, ob in Nordafrika, im Nahen oder Mittleren Osten, auf dem Balkan, in der Ukraine oder gar in Asien. Es wird Zeit, sich den Ursachen des Ersten Weltkriegs vorurteilsfrei zu stellen und gemeinsam mit allen aktiv und passiv Beteiligten eine wahrhaftige Geschichtsschreibung herauszuarbeiten, die uns helfen wird, eine bessere Zukunft zu gestalten. Dazu soll das vorliegende Buch einen Beitrag leisten.

Wolfgang Effenberger
Pöcking, im Mai 2018

Einleitung

»Wahrheiten sind Illusionen, von denen man vergessen hat, dass sie welche sind.«
(Friedrich Wilhelm Nietzsche)

Unser Geschichtsbild basiert zu großen Teilen auf der Wiederholung von liebgewordenen, inzwischen fest verankerten Narrativen. Dahinter verbergen sich indes häufig Mythen und Legenden, die teilweise gar zur Identitätsstiftung beitragen. Einige Beispiele (mitsamt Richtigstellungen):

- Die USA wurden mitnichten im Jahr 1620 von friedlich-frommen »Pilgrim Fathers« besiedelt, sondern von knallharten britischen Handelsgesellschaften kolonisiert. Bereits ein Jahr vor der *Mayflower* landete in Virginia ein Schiff mit in Afrika eingefangenen Sklaven.
- Der Dreißigjährige Krieg (1618–1648) hatte zwar einen religiösen Anlass, war aber kein reiner Religionskrieg, im Hintergrund standen vielmehr massive Macht- und Wirtschaftsinteressen. So füllte z. B. das katholische Frankreich unter dem Kirchenfürsten und Staatsmann Kardinal Richelieu 1631 dem protestantischen Schwedenkönig Karl Gustav die Kriegskasse, als Gegenleistung forderte und erhielt Frankreich deutsche Gebiete.
- Die Französische Revolution wurde 1789 auch nicht allein vom darbenden Volk ausgelöst, involviert war zudem der aufstrebende Mittelstand mit seinen Kapitalinteressen. Allein die »heldenhafte« Erstürmung der Bastille ist ein Mythos, denn der Kommandant öffnete kampflos die Tore, woraufhin ihm der Kopf abgeschnitten und auf einer Lanze im Triumphzug durch die Stadt getragen wurde.
- Den amerikanischen Bürgerkrieg (1861–65) führte Abraham Lincoln keineswegs um die Befreiung der Sklaven. Per Dekret entließ er diese nur in den Südstaaten in die »Freiheit« – die Nordstaaten blieben davon unberührt! Es ging um ausländische Interventionen, an denen

die Pflanzer der Südstaaten wenig Interesse hatten – ihnen war die Ernte wichtiger. Für den industriell boomenden Norden hingegen versprachen Interventionen enorme Profite. Auf einen einfachen Nenner gebracht: Es ging um den Kampf des »mobilen« gegen das »immobile« Kapital.

Die Reihe ließe sich beliebig fortsetzen – dass auch der Erste Weltkrieg sowie die Revolutionen von 1917 und 1918 andere Väter hatten, als man uns weismachen will, verwundert somit nicht. Und es werden nicht nur Legenden gesponnen, sondern überlieferte und dokumentierte Prozesse so geschickt atomisiert, dass die Zusammenhänge unsichtbar werden. Der Psychologe Prof. Rainer Mausfeld nennt das *»Fragmentieren und Dekontextualisieren«;* die Verschleierungstechnik wird zudem durch die Geheimhaltung wichtiger Schlüsselinformationen flankiert:[5] Nach wie vor sind viele Dokumente zum Ersten Weltkrieg nicht öffentlich zugänglich. Als US-Präsident Donald Trump Ende Oktober 2017 nach 54 Jahren endlich alle geheimen Akten über die Ermordung John F. Kennedys freigeben wollte, scheiterte er am Einspruch von CIA und FBI, sodass weiterhin annähernd 300 Dokumente »aus Sicherheitsgründen« vorläufig unter Verschluss bleiben.

Ein Beispiel für die Beschwörung imperialer Klischees aus unseren Tagen ist der Staatsbesuch Donald Trumps im Juli 2017 in Paris anlässlich des 100. Jahrestags des Kriegseintritts der USA und der Anlandung amerikanischer Truppen im Juni 1917 in Frankreich. Das pompöse Zeremoniell war ungewöhnlich: Präsident Emmanuel Macron empfing Trump mit militärischen Ehren vor dem Invalidendom, dem französischen Heiligtum, wo u. a. Kaiser Napoleon Bonaparte und Marschall Ferdinand Foch – Geist bzw. Ungeist der militärischen Führung im Ersten Weltkrieg – ihre letzte Ruhe fanden. Welches Signal an die Welt war nun damit beabsichtigt? Beide symbolisieren den imperialen Machtanspruch Frankreichs, das Streben nach Vorherrschaft in Europa. Die subtile Botschaft Trumps und Macrons wurde indes von den Medien in ihrer geschichtlichen Tragweite nicht reflektiert.

Nach George Orwells Roman »1984« ist die Verfälschung der Geschichte im System verankert. Was heute über die Hintergründe und den Ablauf des Ersten Weltkriegs bekannt ist, beruht auf der Geschichtsschreibung der Siegermächte von 1918. Und seit einhundert Jahren werden die Argumente des Versailler Vertrages wiederholt, die Ereignisse vor 1914 verschwiegen oder marginalisiert und die Klausel von der Alleinschuld Deutschlands gerechtfertigt, während gefügige Historiker sorgsam darüber wachen, dass niemand die Interpretationen hinterfragt. Am Ende des Krieges erklärten Großbritannien, Frankreich und die Vereinigten Staaten Deutschland zum Schuldigen und begannen Dokumente und Berichte zu vernichten, zu verbergen oder zu verfälschen, damit niemand dem widersprechen konnte, was fürderhin als Wahrheit galt: Das Kaiserreich habe den Krieg vorsätzlich geplant und alle zur Versöhnung und Vermittlung vorgebrachten Vorschläge zurückgewiesen.

In den 1920er-Jahren wiesen zahlreiche renommierte amerikanische und kanadische Professoren, darunter Sidney B. Fay und John S. Ewart, das Urteil von Versailles zurück, ebenso die »Beweise«, anhand derer Deutschlands Schuld festgestellt wurde. Ihre Kritik wurde von britischen Historikern attackiert, darunter viele mit Verbindungen zur Universität Oxford. Sie spielten eine gewichtige Rolle bei der Geschichtsverzerrung und dem Anprangern Deutschlands, aber das vielleicht verheerendste Urteil fällte ein Deutscher selbst, Fritz Fischer, Professor in Hamburg, mit seinem Buch »Griff nach der Weltmacht: Die Kriegszielpolitik des kaiserlichen Deutschlands 1914 bis 1918«. Der Historiker, welcher in den 1950er-Jahren Zugang zu den ostdeutschen Archiven in Potsdam hatte, zitierte darin Dokumente aus den Kriegsjahren, stellte den Inhalt allerdings nicht nur verzerrt oder falsch dar, wie beispielsweise Prof. Marc Trachtenberg von der Universität von Kalifornien enthüllte, sondern brachte Szenarien und politische Pläne durcheinander. So behauptete er, die Ziele, die Deutschland nach Kriegsbeginn abgesteckt hatte, seien bereits vor Kriegsbeginn verfolgt worden. In dem Wissen, dass Deutschland sich 1914 selbst verteidigt hatte, taten führende deutsche Historiker wie Gerhard Ritter, Karl Dietrich Erdmann, Egmont Zechlin und Hans Herzfeld Fischers Arbeit als Fantasie ab. Bei Erscheinen des Buchs 1961 bewerteten es viele als skrupellosen Versuch des einstigen SA- und NSDAP-Mitglieds, der 1945 als »gefährlicher Nazi« sofort in den automatischen Arrest genommen worden war, sich bei den amerikanischen Besatzern lieb Kind zu machen. Merkwürdigerweise bekam Fischer nach seiner Entlassung 1947 trotz seiner antisemitischen Hetzreden sofort seinen alten Lehrstuhl in Hamburg zurück. Zum Vergleich: Der Historiker Wolfgang Mommsen durfte wegen seiner NSDAP-Mitgliedschaft nie wieder an einer Universität lehren. Fischers Thesen wurden ungeachtet ihrer Unhaltbarkeit nicht nur von den europäischen Medien, sondern auch von der nachfolgenden Historikergeneration – allen voran durch Fischers Eleve John C. G. Röhl – gern zitiert und immer wieder nachgebetet.

Die britische Regierung stellte 2014 für die Gedenkfeier 50 Millionen Pfund bereit, um das Propagandabild von der deutschen Kriegsschuld nicht verblassen zu lassen. Einer von der BBC im Jahr 2014 durchgeführten Meinungsumfrage zufolge halten gegenwärtig 55 Prozent der Briten den Kriegseintritt Englands 1914 für gerechtfertigt, 38 Prozent erklärten ihn für eine Fehlentscheidung. Zum einen zeigt das Ergebnis, dass ein enormer Aufklärungsbedarf besteht, zum anderen scheint es doch eine beachtliche Anzahl kritischer Bürger zu geben.

2014 erschien anlässlich des Jubiläums eine Vielzahl an Literatur zum Ersten Weltkrieg, doch die Wege in diesen Krieg, insbesondere die akribische Vorbereitung durch den Elitezirkel um Lord Milner, blieben meist unberührt. Auch Christopher Clark achtet in seinem Buch »Die Schlafwandler« das Tabu. Dem Ersten Weltkrieg ging eine imperiale Kolonialpolitik voraus, die unter anderem zur Bildung des britischen Empire und der Vereinigten Staaten von Amerika führte. Ab 1887 suchten britische Finanz- und Geostrategen klammheimlich eine Kooperation zwischen Deutschland, Österreich und Russland und damit die Bildung einer Konkurrenzmacht in Mitteleuropa zu verhindern, die den Niedergang des Empires zugunsten eines wirtschaftlichen Aufstiegs des Deutschen Reichs bedeuten konnte. Man fürchtete die Idee Walther Rathenaus, einen kontinentaleuropäischen Wirtschaftsraum ähnlich der heutigen Eurozone zu etablieren, desgleichen das Projekt der Bagdadbahn, die Deutschland den Zugang der Märkte im Nahen und Mittleren Osten erschließen könnte – eine Bedrohung für die Seemacht Großbritannien, so wie heute das chinesische Großprojekt einer modernen Seidenstraße mitsamt Bahnverbindung von Shanghai nach Duisburg/Hamburg die Herrschaft der globalen US-Konzerne gefährdet. Die Bagdadbahn wurde damals durch die erfolgreiche Instrumentalisierung des serbischen Nationalismus verhindert. Das Attentat von Sarajewo sicherte letztlich Großbritannien das Erdölmonopol im Nahen Osten.

Entgegen der offiziellen Geschichtsschreibung war der Bau der deutschen Flotte für Großbritannien kein Grund zur Sorge, eher ein willkommenes Geschenk, um auf Deutschlands »Aggressivität« verweisen, von der pazifistischen Campbell-Bannerman-Administration Geld für die Aufrüstung einfordern und angesichts der wachsenden Prosperität und wissenschaftlichen Weltgeltung Deutschlands mit geheimen Kriegsvorbereitungen beginnen zu können. Unter Premierminister Arthur James Balfour wurde ein Nationales Verteidigungskomitee, das »Committee of Imperial Defense«, geschaffen, welches ein 160 000 Mann starkes Expeditionskorps zur Unterstützung Frankreichs auf dem Kontinent aufstellte. Hinzu kam die Planung einer – völkerrechtswidrigen – Seeblockade zur Schwächung der deutschen Wirtschaft und Vorbereitungen für eine sofortige Mobilisierung des Commonwealth im Kriegsfall und damit die Ausweitung des Krieges auf die ganze Welt.

Dass diese Zusammenhänge weder von Kaiser Wilhelm II. wegen seiner Nähe zu seiner Großmutter Queen Victoria noch von deutschen Geheimdiensten und Diplomaten rechtzeitig erkannt wurden, macht die eigentliche Schuld Deutschlands am Ersten Weltkrieg aus. Da Kriege aber nicht einfach ausbrechen, sondern in der Regel im Voraus geplant, vorbereitet und finanziert werden, ist es ratsam, der Spur des Geldes zu folgen, wenn man die wahren Interessen, die hinter einem Krieg stehen, herauszufinden sucht. Auch beim Ersten Weltkrieg stellt sich die große Frage nach dem Motiv: Wer hat wie profitiert? Dies wird hier kurz und bündig beantwortet. Wer sich gründlicher über die Hintergründe des Ersten Weltkrieges informieren möchte, dem seien vor allem folgende, hier zugrundegelegte Werke zur weiterführenden Lektüre empfohlen: 1. Wolfgang Effenberger und Willy Wimmer: Wiederkehr der Hasardeure; 2. Wolfgang Effenberger und Jim Macgregor (Hrsg.): »Sie wollten den Krieg«.

Rhodes und Milner bereiten den Weg für das transatlantische Imperium

Im letzten Viertel des 19. Jahrhunderts verstärkte sich bei einigen britischen Kosmopoliten die Wunschvorstellung einer angloamerikanischen Weltherrschaft, gespeist durch den Glauben an eine Überlegenheit der angelsächsischen Rasse. Archibald Philip Primrose, fünfter Earl of Rosebery, erster Earl of Midlothian, formulierte 1893 in einer Rede am »Royal Colonial Institute« den angelsächsischen Machtanspruch so: *»Wir müssen uns daran erinnern, dass es Teil unserer Verantwortung und unseres Erbes ist, dafür zu sorgen, dass die Welt, soweit sie noch von uns geprägt werden kann, angelsächsischen und nicht einen anderen Charakter erhält.«*[6]

Wichtige Protagonisten des chauvinistischen Imperialismus waren Cecil Rhodes (1853–1902) und Alfred Milner (1854–1925). Rhodes, Sohn eines englischen Pfarrers, ging mit 17 Jahren nach Südafrika, um auf der zwanzig Hektar großen Baumwollplantage seines Bruders in der englischen Kapkolonie zu arbeiten. Doch bald zog ihn der Diamantenrausch in das 400 Meilen entfernte Colesbergkopje. In der Hochphase des Imperialismus machte er sich einen Namen beim Wettlauf um Afrika. Alfred Milner wurde als Sohn eines Arztes, dessen Eltern nach Deutschland ausgewandert waren, und der Tochter eines britischen Generals geboren. Er studierte in Tübingen und Oxford, wo er 1877 seinen Abschluss erwarb.

Cecil Rhodes (1853-1902)

Im gleichen Jahr wurde Rhodes in die Apollo-Loge der Freimaurer in Oxford aufgenommen, unverhohlen schrieb er damals: *»Ich behaupte, dass wir die erste Rasse in der Welt sind und es für die Menschheit umso besser ist, je größere Teile der Welt wir bewohnen. Ich behaupte, dass jedes Stück Land, das unserem Gebiet hinzugefügt wird, die Geburt von mehr Angehörigen der englischen Rasse bedeutet, die sonst nicht ins Dasein gerufen worden wären. Darüber hinaus bedeutet es einfach das Ende aller Kriege, wenn der größte Teil der Welt in unserer Herrschaft aufgeht.«*[7] Die Grundlagen für eine derartige Denkweise hatte der Sozialphilosoph und Kunsthistoriker John Ruskin gelegt, der sich in seinen Oxforder Vorlesungen dafür einsetzte, die Werte, Traditionen sowie die Lebensweise der angelsächsischen Upper Class, der »Herrenrasse«, mittels Erziehung und Eugenik auf das Empire auszudehnen. England, so Ruskin, sei zur Weltherrschaft vorherbestimmt, denn *»... in uns fließt bestes nordisches Blut«*. Aus diesem Grund müsse es sich durch Kolonisierung jedes Stück Land einverleiben. *»Herrsche oder sterbe!«*[8]

Cecil Rhodes, Bergbaumagnat und Millionär – allein drittgrößter Anteilseigner des Diamantentycoons De Beers –, betrachtete die Ideen Ruskins zeitlebens als Inspirationsquelle für sein Handeln. Von der Kapkolonie aus organisierte er Expeditionen und militärische Vorstöße ins Landesinnere, um der Kolonialisierung durch Belgier, Portugiesen, Deutsche und Buren zuvorzukommen. Dabei ließ er sich unter abenteuerlichen Umständen exklusive Konzessionen ausstellen. Widerstand durch Afrikaner oder andere Herren wurde mithilfe der brandneuen englischen Maxim-Maschinengewehre militärisch schnell niedergeschlagen.

Alfred Milner hatte sich 1885 bei den Unterhauswahlen erfolglos um einen Parlamentssitz für die Liberale Partei beworben. Er war wie die meisten seiner Vorbilder und Freunde ein Anhänger des Liberalen Imperialismus. Die »Limps« glaubten daran, dass staatliche Ordnung langfristig nur durch Intervention hergestellt werden könne, in deren Folge dann liberale Werte wie Toleranz, Pluralismus und Demokratie durchgesetzt würden. Auch Milner war der festen Überzeugung, dass England in seinen Kolonien eine Mission zu erfüllen habe. In der Realität blieben davon allerdings nur territoriale Übernahme und wirtschaftliche Ausbeutung sowie eine repressive Politik übrig. 1889 ging er als Unterstaatssekretär für Finanzen nach Ägypten. Nun saßen also zwei britische Akteure auf dem afrikanischen Kontinent an den geopolitischen Hebeln, während in London die Gewichte auf dem europäischen Kontinent neu gesetzt wurden. Cecil Rhodes hatte schon seit Längerem davon gesprochen, nach dem Vorbild der Jesuiten einen Geheimbund aus der Taufe zu heben. Am 5. Februar 1891 war es so weit: Gemeinsam mit dem Sensationsjournalisten William T. Stead und Reginald B. Brett (1852–1930) – dem späteren Lord Esher – gründete er die »Rhodes Secret Society«. Von Anfang an mit dabei waren zudem Lord Nathaniel Rothschild – mit besten Kontakten in der Welt der Banken, Investitionen und Wertpapiergeschäfte – sowie Alfred Milner. Ausdrückliches Ziel war, das British Empire über die ganze Welt auszudehnen, man wollte, so schrieb William T. Stead 1902, *»die gesamte unzivilisierte Welt unter britische Herrschaft bringen, die Vereinigten Staaten zurück ins Empire holen und die gesamte angelsächsische Rasse in einem Empire vereinen«*[9].

Alfred Milner (1854-1925)

Der Zirkel gewann rasch an Größe, Macht und Präsenz, auch durch die Unterstützung alter Aristokratenfamilien, und sollte für mehr als 50 Jahre eine der wichtigsten Kräfte bei der Umsetzung der britischen Kolonial- und Außenpolitik sein.[10] Lord Milner, von 1902 bis 1925 der Kopf der »Geheimen Elite«, blieb bis 1905 in Südafrika. Er scharte brillante Jünger, vor allem junge Absolventen aus Oxford, um sich, was der Gruppe den Spitznamen »Milners Kindergarten« eintrug. Der Mann mit dem größten Einfluss aber war Lord Esher, die *»Graue Eminenz, die mit der einen Hand England steuerte, während die andere Hand jungen Knaben nachstellte«*[11], er verkehrte in den höchsten Kreisen der Gesellschaft und war der Vertraute des Prince of Wales, des späteren Königs Edward VII.

Ein weiterer Faktor war die Presse, mit deren Hilfe man die öffentliche Meinung beeinflussen konnte. So verdankte William T. Stead seine Einbindung der neuen Macht der Pressebarone. Er baute sich ein beeindruckendes Netzwerk junger Journalisten auf, die wiederum die Prinzipien des Elitezirkels in das Empire hinaustrugen. Dazu zählten Edmund Garrett *(Cape Times),* Edward Tyas Cook (Chefredakteur der *Pall Mall Gazette* und der *Westminster Gazette)* und Geoffrey Dawson von der *Times.* Sie alle gehörten dem innersten Kreis um Lord Milner an und waren dessen persönliche Freunde und Kollegen. Auch Lehrstühle an Universitäten wurden finanziert, ebenso Publikationen. Ein frühes Beispiel ist die von Leopold Stennet Amery herausgegebene »Times History of the War in South Africa«.[12] Das Werk über den Burenkrieg wurde von Beamten verfasst, die Milner aus Oxford geholt hatte, um Südafrikas Aufschwung zu organisieren, die »Geschichtsschreibung« im Sinne der Geheimen Elite wurde damit zur allgemein akzeptierten »Wahrheit« – ähnlich wurde später die offizielle Geschichte des Ersten Weltkriegs in die Welt gesetzt.

Bei der konkreten Arbeit am Ziel einer angelsächsisch geprägten Weltherrschaft wurde nun immer deutlicher, dass der Hauptrivale in Handel und Wirtschaft nicht mehr Frankreich, sondern Deutschland war. Dazu hielt die englische Zeitung *Saturday Review* am 24. August 1895 fest: *»Im Krieg mit Deutschland würden wir viel gewinnen und wenig verlieren. Im Falle Frankreichs wäre es andersherum.«* Am 1. Februar 1896 wurde das Blatt noch deutlicher: *»Wir müssen bereit sein, Deutschland zu bekämpfen. ... Germania est delenda.«*

Reichskanzler Otto von Bismarck hatte diese Entwicklung schon Jahre vorher gespürt, am 7. April 1888 stellte er lapidar fest: *»Menschlichkeit, Friede und Freiheit ist immer ihr Vorwand... In Wahrheit aber schrieben die Times und die Königin im Interesse von England, das mit dem unsern nichts gemein hatte. Das Interesse Englands ist, daß das Deutsche Reich mit Russland schlecht steht, unser Interesse, dass wir mit ihm so gut stehen, als es der Sachlage nach möglich ist.«*[13]

Die neuen imperialen Kriege und die USA als Weltmacht

Die Schwelle zum 20. Jahrhundert bedeutete einen tiefen Einschnitt, was die Motive und Ziele der Kriegsführung angeht. Ging es Bismarck im deutschen Einigungskrieg von 1870/71 noch um Annexion und Einheit, so stand fortan die Erweiterung der Absatzmärkte im Fokus der Begehrlichkeiten, welche sich Kaufleute, Banker und Industrielle auf der ganzen Welt gegenseitig streitig machten, und in letzter Konsequenz griff man hierfür zu den Waffen. Das war erstmalig 1895 zu beobachten, als Japaner und Chinesen um die Ausbeutung von Korea rangen. 1898 gerieten die USA mit Spanien wegen Kuba und der Philippinen aneinander, und ein Jahr später überfielen die Engländer die Buren, weil sie es auf deren Minen in Transvaal abgesehen hatten. 1900 schickten Europa und die USA Expeditionsarmeen in den chinesischen Boxeraufstand, setzten damit letztlich die »Politik der offenen Tür« durch und nötigten den Chinesen Eisenbahnen etc. auf. Und um die Entscheidung, wer die Mandschurei ausbeuten darf, massakrierten sich 1904/05 über 18 Monate lang Russen und Japaner. All diese blutigen »Kriege um Dividenden« brachten den Siegern kaum erwähnenswerten Gebietszuwachs. Die eigentliche Beute blieb vielen verborgen: Es waren die Eisenbahnen- und Minenkonzessionen, die Anleihen und Zolltarife. Hierfür musste der Gegner mithilfe von Propaganda und Legendenbildung dämonisiert werden. Diese Aufgabe übernahm – und das in allen Ländern – eine teils käufliche, teils kritiklose Presse; sie verschleierte erfolgreich die Geschäftskriege der Geldoligarchie als Interventionen im Sinne von Freiheit und Humanität.

Das galt besonders für die geschäftstüchtigen Briten, welche Walter Rathenau *»als die Erben der Römer, als die überlebenden Rivalen der Venezianer und Holländer«*[14] erschienen. Dank Stahl, Kohle und Erfindungsgeist konnte die Seemacht England vor allen anderen Nationen eine unvergleichliche industrielle Entwicklung nehmen. Begünstigt durch die

»splendid isolation«[15] aufgrund der Insellage, verfügte das Land über einen einzigartigen Lagevorteil, und die Kontrolle der Meere war ein zentraler Faktor, der es Großbritannien erlaubte, ein parlamentarisches System zu entwickeln sowie Wohlstand und Stabilität aufzubauen. Die Webereien von Manchester und die Metallfabriken von Birmingham lieferten ihre Erzeugnisse während eines ganzen Jahrhunderts in alle Welt und häuften so immensen Gewinn an. Allein Frankreich wagte zaghaft Konkurrenz, bis auch seine Oligarchie 1898 im Zuge des Faschoda-Zwischenfalls – der britische Lord Kitchener ließ im Sudan die Trikolore einholen – auf jeden weiteren Anspruch als Großmacht verzichtete. Großbritannien war nun der unbestrittene Herrscher der Welt, hatte jedoch Angst, es könnte dasselbe Schicksal erleiden wie die von ihm vernichteten Imperien. Um das gewaltige Herrschaftsgebiet weiterhin und dauerhaft dominieren zu können, griffen die britischen Eliten rücksichtslos durch. Aufgrund der hinterhältigen Außenpolitik wurde England vonseiten französischer Kapitalisten als »perfides Albion« gebrandmarkt.[16]

1908 schrieb Homer Lea[17], das Britische Empire sehe sich *»einem Kampf um den Besitz von einem Drittel der Welt gegenüber, bedroht nicht nur von einer einzelnen Macht, sondern von vier Mächten. Jede dieser Mächte ist vergleichsweise besser in der Lage, den Engländern die Herrschaft zu entreißen, als die Angelsachsen selbst es waren, als sie von der Mitte des 16. bis zum Ende des 18. Jahrhunderts ihr Empire mit Waffengewalt von Portugal, Spanien, Holland und Frankreich zusammenraubten.«*[18] Eine dieser vier Mächte war das Deutsche Reich: selbst von rivalisierenden Völkern umgeben und mit eingebuchteten, zu langen Grenzen, die keinen natürlichen Schutz boten. Noch dazu wurde die wirtschaftliche Entwicklung bei nur mäßigen Bodenschätzen in den nördlichen Landesteilen alle hundert Jahre durch Kriege und andere Einbrüche regelrecht zertreten. So bildeten die deutschen Lande den Gegensatz zu Englands und Amerikas bevorzugter Lage.

Bis 1870 vereinigte der Deutsche Bund ausschließlich Agrarstaaten. Da die Böden nicht überall ertragreich waren, wanderten Jahr für Jahr zwischen 100 000 und 200 000 junge Deutsche nach Amerika aus. Eine Chance lag im Ausbau der technischen und wissenschaftlichen Ressourcen des Landes. So suchten Bismarck und später Kaiser Wilhelm II. Deutschland nach englischem Vorbild zu einem Industriestaat zu machen. An Rhein und Ruhr entstanden in atemberaubender Schnelligkeit Hochöfen, Stahlwerke und Eisengießereien. Auf den Werften an Nord- und Ostsee wurde eine Handelsflotte auf Kiel gelegt und die Häfen sorgfältig auf ihre kommenden Aufgaben vorbereitet. Zusätzlich wurden Eisenbahnnetze ausgebaut und Flüsse kanalisiert. Ein Wettlauf der Industrien begann: Rücksichtslos erhöhten die imperialistischen Länder am Ende des 19. Jahrhunderts ihre Produktion, um vor dem Konkurrenten ihre Waren an den Mann oder die Frau zu bringen. Das veranlasste Friedrich Engels zu dem – letztlich noch heute gültigen – Kommentar: *»Es wird produziert, als wären ein paar tausend Millionen neuer Konsumenten auf dem Monde entdeckt worden.«*[19]

Die Kriege um Rohstoffe nahmen an Schärfe zu. Während die Briten Afrika eroberten, machten sich die USA an die Zerschlagung der Weltmacht Spanien. Am 16. Februar 1898 flog in Havanna die *USS Maine* in die Luft – eine Kesselexplosion, wie aber erst 1976 vom US-Marineministerium zugegeben wurde. Tags drauf trompetete die Presse: Das war ein Akt des Feindes! Nun brach der Spanisch-Amerikanische Krieg los. Damit konnte man die Strategiekarte aus der Schublade ziehen: den lange geplanten Angriff auf Kuba und die Philippinen; anschließend spannten sich die Flügel des US-Seeadlers von Manila bis nach Costa Rica – einschließlich Guam. Die USA waren auf dem Weg zur Weltmacht.

Der Zweite Burenkrieg: Milners erster Krieg

Die Entdeckung ertragreicher Diamant- und Goldvorkommen auf dem Gebiet der Burenrepubliken – 1869 in Kimberley und 1886 in der Region Johannesburg – lockte Tausende von Glücksrittern aus zahlreichen Ländern in die Goldfelder des Transvaal, vor allem aus den benachbarten britischen Kolonien Kapkolonie und Natal. In der Folge sahen sich die Buren durch den wachsenden Zustrom an Hasardeuren in ihren Rechten bedroht und wollten die Zuwanderung begrenzen, wohingegen die Händler und Spekulanten nach Beseitigung rechtstaatlicher Hindernisse trachteten.

Am 29. Dezember 1895 überfielen probritische Milizeinheiten unter Leander S. Jameson die Südafrikanische Republik, um das Gebiet dem britischen Territorium anzugliedern. Der sogenannte »Jameson Raid« scheiterte zwar, löste jedoch eine internationale Krise aus. Der Grund: Kaiser Wilhelm II. (1859–1941) gratulierte den Buren und deren Präsident Ohm Krüger zur Sicherung ihrer Selbstständigkeit. In dieser angespannten Situation ernannte Kolonialminister Joseph Chamberlain Lord Milner zum neuen Gouverneur der Kapkolonie und zum Hochkommissar für das Südliche Afrika, woraufhin sich die Lage verschärfte. Denn Großbritannien war nicht am Frieden interessiert, sondern an den Bodenschätzen der Region und einem geschlossenen Kolonialreich in Afrika. Ein weiteres Ziel war es, in einem großen Krieg gegen die Deutschen zu bestehen und sie aus Südafrika herauszuhalten – eine der geopolitischen Schlüsselpositionen für die globale Kontrolle.

Milner führte fortan einen persönlichen Kreuzzug mit dem Ziel, ganz Südafrika der englischen Krone zu unterwerfen. Das Transvaal-Gold und die Diamantenminen sollten gesichert werden. Milner wusste, das würde einen ausgewachsenen Krieg bedeuten. Und er wusste auch, dass es nur einen Weg gab, wie man ihn dem Kabinett und der britischen Öffentlichkeit schmackhaft machen konnte: Man musste es so hinstellen, als würde die Aggression von den

Buren ausgehen. Auf der Bloemfontein Conference im Mai/Juni 1899 machte Burenpräsident Krüger sogar noch Zugeständnisse an die britische Seite, aber Milner tat alles, um Chamberlain und die britische Presse gegen die Vorschläge aufzubringen. Da der Kolonialminister eng mit allen einflussreichen Familien Englands vernetzt war, zeigten Milners Intrigen dort Wirkung, und so erreichte er sein Ziel: Der Zweite Burenkrieg begann am 12. Oktober 1899. Er verlief für die europäischstämmigen Bewohner Südafrikas[20] zunächst sehr erfolgreich. Doch bald wurde der Kampf unerbittlich geführt. Nach dem Tod Königin Viktorias am 22. Januar 1901 verordnete Feldmarshall Lord Kitchener eine Politik der verbrannten Erde: Die Bauernhöfe der Buren wurden von nun an bei geringfügigsten Hinweisen auf Kollaboration niedergebrannt, das Vieh erschossen und die Felder angezündet, Frauen und Kinder in sogenannten »Concentration Camps« unter unwürdigen Bedingungen zusammengepfercht. Die Buren verloren 7 000 Mann im Gefecht, hinzu kamen 28 000 Angehörige. Die Briten erzwangen schließlich die Kapitulation mit der Drohung, die Frauen und Kinder der Buren umzubringen.

Der als Kolonialfeldzug begonnene Zermürbungs- und Vernichtungskampf wurde zum Desaster für Südafrika und beeinflusste maßgeblich die spätere Entwicklung hin zur gesetzlich verankerten Diskriminierung der schwarzen Bevölkerung, der Apartheidpolitik. Als solches darf er als die erste Katastrophe des 20. Jahrhunderts gelten und als Auftakt für die nun folgende Barbarei. Der junge bayrische Offizier Karl Haushofer hatte zu Beginn des Krieges ein Gespräch mit Joseph Chamberlain geführt, der ihm die geopolitischen Zusammenhänge offenlegte und klarstellte, dass die Zeit der »splendid isolation« für immer zu Ende sei. Großbritannien, so hatte der Kolonialminister gegenüber Haushofer betont, würde sich tendenziell gern mit den *»Wächtern des Fortschritts«* verbinden – er nannte Deutschland, Japan und die Vereinigten Staaten –, *»die der Welt Gesetze vorschreiben«* könnten.[21] Chamberlain endete mit folgender Botschaft: *»Aber sagen Sie drüben, wenn wir das nicht erreichen können, dann werden wir uns, sei es auch mit ungeheuren Kosten, mit dem Zweibund, mit Frankreich und Rußland, verständigen müssen. Dann wendet sich das Blatt gegen Euch, und diesem Druck werdet Ihr nicht gewachsen sein.«*[22]

Paradigmenwechsel unter Edward VII.

Edward VII. (1841–1910), der älteste Sohn von Queen Victoria und Albert von Sachsen-Coburg-Gotha, erhielt als künftiger Thronfolger vier Wochen nach der Geburt den Titel »Prince of Wales«. Obwohl sich die besten Lehrer und Erzieher um ihn kümmerten, fiel er bereits während der Studienjahre durch seinen ausschweifenden Lebensstil auf – Glücksspiel, Alkoholexzesse und die Vorliebe für schöne junge Schauspielerinnen. Sein Vater redete ihm ins Gewissen, seine Mutter nannte ihn einen Taugenichts und zog ihm ihren Lieblingsenkel, den späteren deutschen Kaiser Wilhelm II., vor – was vermutlich den Trotz des jungen Dandys noch provozierte. Sein Landsitz Sandringham House wurde zu einem Zentrum der High Society abseits der Hauptstadt, wo erstmals auch amerikanische Millionäre verkehrten. Seine Ehe mit Prinzessin Alexandra von Dänemark wird allgemein als glücklich beschrieben, nichtsdestotrotz hatte er zeitlebens zahlreiche Liebschaften (angeblich insgesamt 55). Seine letzte Geliebte war Alice Keppel, die Urgroßmutter von Camilla, Duchess of Cornwall, der zweiten Ehefrau von Prince Charles.

Queen Victoria zeigt dem Enfant terrible Prince Edward die Liste seiner Verfehlungen. Karikatur aus dem satirischen Magazin Puck *vom Juni 1891*

Albert Edward hatte es das französische Savoir-vivre, insbesondere das Pariser Luxusleben, angetan. Er war ein stets gern gesehener Gast im üppigen Chateau de Ferrières der Rothschilds oder in Alfred de Rothschilds riesigem Pariser Stadthaus. Bekanntlich werden in so einem exklusiven privaten Umfeld auch politische Weichen gestellt, hier pflegte die Geheime Elite ihre Ziele zu besprechen, und natürlich war Edward in die konspirativen Pläne eingebunden. Bei dem schlechten Verhältnis zu seiner Mutter, seiner Frankophilie und seinem hohen Finanzbedarf war es später nicht schwer, ihn für eine Neuausrichtung der Außenpolitik – Aussöhnung mit Frankreich und Russland zum Zweck der Isolierung Deutschlands – zu gewinnen. Auf seinen Neffen Wilhelm von Preußen war er ohnehin nicht gut zu sprechen.

Edward trat gern als Großmeister des Freimaurerordens auf, in den er 1868 aufgenommen worden war. In der Öffentlichkeit bewies der Prinz erstaunliches diplomatisches Geschick, und trotz seines Lebenswandels war er aufgrund seines ungezwungenen Umgangs mit Menschen aus allen Bevölkerungsschichten allseits beliebt. Als Queen Victoria am 22. Januar 1901 nach 63 Regierungsjahren verstarb, wandte er sich als ihr Nachfolger alsbald Frankreich zu. Sein Amt als Großmeister legte er nieder und entwickelte eine Vorliebe für prunkvolle öffentliche Auftritte. Nach dem siegreichen Ende des Zweiten Burenkriegs konnte die feierliche Krönung Edwards am 9. August 1902 unter Friedensbedingungen stattfinden.

Anfang 1903 machte er Staatsbesuche bei König Carlos von Portugal, in Gibraltar, auf Malta, bei Papst Leo XIII. im Vatikan und schließlich in Paris, wo er mit großem Pomp erschien. Doch die Stimmung war gegen ihn, die Franzosen empfingen ihn mit mürrischen Gesichtern und gelegentlichen Buhrufen. Der französische Außenminister Théophile Delcassé (1852–1923) sowie Sir Charles Hardinge, rechte Hand des britischen Außenministers Edward Grey (1862–1933) und außenpolitischer Berater des Königs, die allesamt eine Annäherung der beiden Länder anstrebten, sahen das mit Unbehagen. Doch Edward gelang es, die Stimmung umzudrehen und die Pariser für sich zu gewinnen. Er bekannte sich zu den Kriegen der Vergangenheit und beteuerte, von nun an müsse man freundschaftlich miteinander umgehen. Seine selbstbewusste, lockere Art wirkte wie Magie. Die Pariser, die noch zwei Jahre zuvor während des

Burenkrieges »Nieder mit Chamberlain« gebrüllt hatten, skandierten nun: »Es lebe Edward VII.!«

Was hat der englische König nun in Paris mit Delcassé verhandelt? Am Tag des Abschieds wurde verkündet, dass sich das Aufsichtsratsmitglied M. Vernes und seine Gruppe vom Bagdadbahn-Konsortium zurückziehen würden. Damit war das deutsch-französische Syndikat gesprengt. In der Folge machte das Londoner Kabinett den französischen Finanzmächtigen Marokko zum Geschenk – ein Land, das sie gar nicht besaßen. [23] Da sich Frankreich bereits im benachbarten Algerien festgesetzt hatte und die Beherrschung des gesamten Maghreb anstrebte, nahm es die Gabe ohne Rücksicht auf den mit der Madrider Konvention 1880 völkerrechtlich abgesicherten souveränen Status des Landes gerne an. Nicht zuletzt mögen die reichen Erzvorkommen eine Rolle gespielt haben, um sie stritten sich deutsche und französische Rüstungskonzerne.[24] Ergebnis der Verhandlungen, die schließlich in der Entente cordiale mündeten, war zudem die Anerkennung der britischen Vorherrschaft in Ägypten. Frankreich und England wurden sich über eine Vielzahl langjähriger Streitigkeiten einig, etwa im Pazifik, in Asien oder Neufundland. Mit der Aussöhnung und der Aufteilung der kolonialen Einflusssphären setzte Edward völlig neue Zeichen in der Außenpolitik. Nach den Erfahrungen aus dem Burenkrieg plante er zudem den Aufbau einer angemessenen Landstreitmacht, auch um Frankreich im Falle eines deutschen Angriffs unterstützen zu können.

Mittels einiger Konzessionen in Persien und auf dem Balkan wandte sich der britische Monarch dann dem russischen Zaren zu, um anschließend Italien vom Dreibund abzusprengen und in Ungarn den Hass gegen Deutschland anzustacheln. Und schließlich wurden die Jungtürken – eine nationalistisch-reformistische Bewegung – durch Geld und Ratschläge ermuntert, den Kaiserfreund Abdul Hamid vom Thron zu jagen. Diese Vorgänge mussten Berlin beunruhigen, sie führten zur Verstärkung des Flottenbauprogramms. Zeitgleich mit dem Abschluss der Entente cordiale ermunterte England den Bündnispartner Japan, Russlands Vordringen in Asien zu beenden und ihm den einzigen eisfreien Hafen Port Arthur zu entreißen, dies geschah trotz der 1894 geschlossenen Militärkonvention zwischen Frankreich und Russland. Die Auflösung der Doppelmonarchie Österreich-Ungarn, damals angesichts des jederzeit möglichen Todes von Kaiser Franz Joseph häufig diskutiert, war durch Théophile Delcassé 1899 zum Bündnisfall erklärt worden, da die beiden Vertragspartner dadurch das Gleichgewicht in Europa gefährdet sahen.

Japan, das sich durch Russland um den Gewinn seines Krieges gegen China (1894–95) betrogen fühlte, nahm den Ball auf, den England ihm zuspielte, und versenkte ohne Kriegserklärung die in Port Arthur liegende russische Flotte durch seine Artillerie: Beginn des Russisch-Japanischen Krieges (1904/05). Anschließend wurde die russische Armee bei Mukden vernichtend geschlagen und weitere Flotteneinheiten bei Tsushima versenkt. Der klägliche Zusammenbruch sorgte für Unzufriedenheit beim russischen Volk. Die Folge waren Streiks und Unruhen sowie die Erhebung unterdrückter Nationalitäten – die Vorläufer der späteren »Sowjets« beanspruchten die Regierungsgewalt.

Die durch England forcierte Entfesselung des Japanisch-Russischen Krieges mit dem Ziel, das Zarenreich zu schwächen und sich ihm gleichzeitig anzunähern, kann man durchaus als hinterhältig bezeichnen. König Edward VII. war es gelungen, innerhalb von sechs Jahren sowohl Frankreich als auch Russland zu einem Geheimbund mit Großbritannien zu bewegen. Um Deutschland in die Knie zu zwingen, brauchte man die großen Heere dieser Mächte.

Schwerterschmiede: Das »Committee of Imperial Defense«

Nachdem Premierminister Arthur James Balfour (1848–1930) Lord Esher im September 1903 die Position des Kriegsministers angetragen hatte, was er jedoch ablehnte, unterbreitete Esher Vorschläge zur Reform des Kriegsapparats und empfahl einen »Verteidigungsrat«. Das »Committee of Imperial Defence« (CID) wurde am 4. Mai 1904 gegründet, es sollte künftig mittels besserer Planungen Schlappen wie die im Burenkrieg verhindern helfen. Im Bericht des Komitees wurde gefordert, dass künftig *»eine definitive und auf soliden Daten beruhende Kriegspolitik formuliert werden kann«*[25]. Das CID wurde bald zu einem bedeutenden Gremium der britischen Regierung, es arbeitete bis 1939.

Als Vorläufer war vor allem die »Naval Intelligence Division« für die Flottenmobilisierung und andere Kriegspläne sowie die Auswertung ausländischer Geheimdienste verantwortlich gewesen, der im Jahr 1900 die Abteilung »Krieg« für Fragen der Strategie und Verteidigung hinzugefügt wurde, 1902 die Abteilung »Handel« für Angelegenheiten rund um den Schutz der Handelsschifffahrt. Lord Esher sorgte nun dafür, dass den militärischen Strukturen ein »Rat« (CID) übergeordnet wurde, was dem Rhodes-Milner-Zirkel entscheidenden Einfluss sicherte. Als einziges permanentes Mitglied sollte offiziell der Premierminister den Vorsitz übernehmen und weitere Teilnehmer je nach anstehenden Sachfragen bestimmen. Ein »Sekretär« (Secretary to the Committee) stand ihm zur Seite, ferner sollte es zu bestimmten Fragen Subkomitees geben, zu denen auch Vertreter der Dominions – also der sich selbst verwaltenden Kolonien – und Irlands eingeladen werden konnten. Im CID wurde später der Aufbau eines Expeditionskorps, die Vorbereitung der Blockade gegen Deutschland sowie die Einbeziehung der Dominions in die Kriegspläne vorbereitet. Damit nahmen die Planungen eines Feldzuges gegen Deutschland konkrete Formen an.

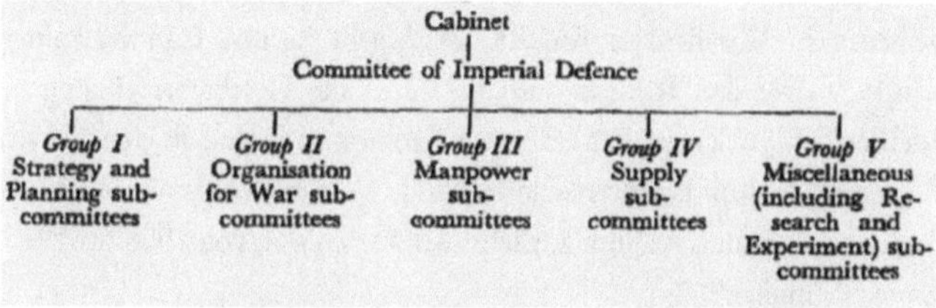

Auf Krieg ausgerichtet: das CID mit seinen »Subcommittees«

Lord Esher übte eine allgemeine Kontrolle über das Kriegsministerium aus, wobei ihn sowohl Balfour als auch Sir George Clarke, der erste Sekretär des CID, mit vertraulichen Informationen versorgten. Die meisten Empfehlungen Eshers wurden jedoch erst im Zuge der Haldane-Reformen[26] (1906–12) umgesetzt.[27] Im Oktober 1905 schloss sich Esher dem CID, das in Whitehall Gardens zusammenkam, offiziell an. Mit dem Ausbruch des Russisch-Japanischen Krieges sowie dem Abschluss der Entente cordiale waren der Gründung des Komitees zwei Ereignisse vorausgegangen, in deren Folge sich das europäische Machtgefüge fundamental veränderte. Nach den schweren Niederlagen Russlands und den scharfen Spannungen zwischen London und St. Petersburg drohte Russland nun als möglicher Partner für Deutschland interessant zu werden. Ein entsprechender Versuch scheiterte jedoch: Der Vertrag von Björkö (1905), ein gegenseitiger Beistandspakt zwischen dem Deutschen Reich und Russland, wurde nie ratifiziert. Und das CID erwärmte sich schnell für die Vorstellung, das britische Heer an der Seite Frankreichs kämpfen zu lassen, das ein Jahr zuvor noch, vor dem »Herzensbündnis«, als größter Rivale Großbritanniens in Europa galt.

Im Spätsommer 1905 zeichnete sich ab, dass die Tage der unpopulären konservativen Regierung unter Premierminister Balfour gezählt waren. Im September trafen sich Edward Grey, Herbert Asquith (1852–1928) und Richard Haldane (1856–1928), drei liberale Imperialisten, im schottischen Dorf Relugas. Hier schmiedeten sie den Plan, auf die Neubildung des Kabinetts entscheidenden Einfluss zu nehmen. Sir Henry Campbell-Bannermann sollte eine Art Marionettenpremier werden, während in Wirklichkeit Asquith die Macht in den Händen halten würde.[28] »Die drei Relugas«, als die sie in die Geschichte eingingen, strebten Schlüsselpositionen im neuen Kabinett an.[29] Und als eine liberale Regierung die Konservativen ablöste, wurde Haldane Kriegsminister, Grey Außenminister und Asquith zunächst Schatzminister, von 1908 bis 1916 war er Premier.

Im Januar 1906 deutete Grey gegenüber dem französischen Botschafter an, dass Frankreich im Falle eines Krieges mit Deutschland auf britische Militärhilfe bauen könne. Förmliche Garantien könne es aber aus Rücksicht auf die notwendige Geheimhaltung gegenüber dem britischen Kabinett nicht geben – im Falle des Bekanntwerdens der Zusagen drohe sonst der Sturz der Regierung.[30] Grey informierte lediglich Haldane. Während dessen Amtszeit wurden in Großbritannien zwei mögliche Szenarien für einen Krieg der Entente gegen Deutschland diskutiert: Die Marine wollte naturgemäß einen reinen Seekrieg führen und den Landkampf den Franzosen überlassen; Haldane dagegen ließ ab 1906 eine »Schnelle Eingreiftruppe«, die »British Expeditionary Force«, zusammenstellen, die zu Kriegsbeginn auf den Kontinent verlegt werden sollte, um Frankreich zu unterstützen.

Lord Esher scheint die treibende Kraft hinter allerlei geheimen Vorhaben gewesen zu sein. Im Rahmen weiterer Treffen des CID war er an den politischen Winkelzügen beteiligt, die die »richtigen« Leute – also diejenigen, die das Projekt »Krieg gegen Deutschland« guthießen – in die entsprechenden Ämter hievten, von wo aus sie die Pläne forcieren konnten. Balfour mag das CID gegründet haben, aber es waren die liberalen Imperialisten, die allem Sinn und Richtung gaben. Nach einem gemeinsamen Militärmanöver in Frankreich schrieb Lord Esher am 4. September 1906 an seinen Sohn Maurice (Mitbegründer des Secret Intelligence Sevice, besser bekannt als MI6): *»Die Entente schreitet voran. Und das auf keinen Fall zu früh. Es steht außer Frage, dass in absehbarer Zeit eine gewaltige Auseinandersetzung zwischen Deutschland und Europa bevorsteht, bei der es um die Oberherrschaft geht. Die Jahre 1793 bis 1815 werden sich wieder-*

holen, nur wird Deutschland und nicht Frankreich danach streben, Europa zu beherrschen. Deutschland hat 70 Millionen Einwohner und ist entschlossen, die wirtschaftliche Vorrangstellung zu übernehmen … Frankreich beherbergt 40 Millionen Menschen. England in etwa ebenso viel. Selbst kombiniert ist der Ausgang dieses Ringens also keineswegs gewiss Es wird noch fünf Jahre dauern, bis wir unsere Leute auf eine Wehrpflicht eingestimmt haben.«[31] Wie die Zukunft aussehen würde, stand Esher offenbar klar vor Augen. Am 7. September 1906 schrieb er der Duchess of Sutherland: »*… machen es die Gesetze der historischen und ethnografischen Evolution erforderlich, … dass wir gegen eines der mächtigsten militärischen Imperien kämpfen, das je existierte. Das ist gewiss, und uns bleibt für die Vorbereitung nur sehr wenig Zeit.«*[32]

Seit dem Jahr 1688 sorgte England dafür, dass Europa nicht zur Ruhe kam: »Balance of Power«, Gleichgewicht der Kräfte, nannte man die wechselnde Unterstützung rivalisierender Interessen auf dem Kontinent. Das Ziel war, Europa zu spalten und in internen Kriegen gefangen zu halten, während Großbritannien globale Dominanz errang. Über zwei Jahrhunderte lang lief das prächtig – für die Kriege waren nach außen hin stets andere verantwortlich. Das Land musste seine Ressourcen also nur begrenzt einsetzen, sodass reichlich Energie für den Ausbau des Handels und des Empires übrig blieb.

Offiziell erklärten die Briten 1914 Deutschland den Krieg, weil die belgische Neutralität durch das Kaiserreich verletzt worden sei. Aber war Belgien tatsächlich neutral? 1906 schrieb General James Grierson – Leiter der militärischen Operationen, Mitglied der Roberts-Akademie und des CID – an den belgischen Generalstab, die britische Regierung sei bereit, *»vier Kavalleriebrigaden, zwei Armeekorps und eine Division berittene Infanterie«* in Belgien zu stationieren, um, so die ausdrückliche Aufgabe, einen deutschen Vormarsch zu stoppen.[33] Briten und Belgier hatten zu Kriegsbeginn also seit mindestens acht Jahren intensiv gemeinsame Planungen für einen Krieg mit Deutschland betrieben. Londons enge militärische Verbindung zu Belgien war ein streng gehütetes Geheimnis, nicht einmal in privilegierten Kreisen wusste man darum. Bei einer CID-

Sitzung am 26. Juli 1905 mit General Grierson, Lord Roberts, Admiral John A. Fisher, Arthur Balfour und Kapitän Charles Ottley, dem Leiter des Nachrichtendienstes der Marine, war beschlossen worden, dass in dem Unterausschuss, der sich um gemeinsame militärische Planungen mit Frankreich und Belgien kümmern sollte, ohne ausdrückliche Zustimmung des Premiers kein Protokoll erstellt oder verschickt werden sollte, damit nichts ans Licht der Öffentlichkeit dringen konnte.[34] Grierson bekam Order, die Verbindungen zu vertiefen. Am 16. Januar 1906 leitete er offizielle militärische Gespräche mit dem französischen Major Victor Huguet ein und schrieb am selben Tag an den britischen Militärattaché in Brüssel, dass, sollte es zum Krieg zwischen Frankreich und Belgien kommen, die Briten 105 000 Mann nach Belgien entsenden würden.[35]

Im August 1906 übernahm Captain Henry Campbell die Leitung der Handelsabteilung des Marineaufklärungsdienstes. Dort trug man sehr sorgfältig Daten zusammen und erstellte Statistiken zur wachsenden Marktdurchdringung deutscher Produkte. Nach Campbells Auffassung war die Expansion zwar Grund zur Besorgnis, aber sie machte das Deutsche Reich auch anfälliger für Angriffe der britischen Flotte, denn die Recherchen zeigten, wie abhängig es vom Import von Rohstoffen und Lebensmitteln war. Um abschätzen zu können, wie sehr Deutschland eine Seeblockade zusetzen würde, wurden Berechnungen für einen Zeitraum von zwei Jahren erstellt.[36] In der konservativen Presse mehrten sich Artikel, in denen die präventive Zerstörung der deutschen Kriegs- und Handelsflotte gefordert wurde, was Sir John Fischer, Erster Seelord der Royal Navy, enthusiastisch begrüßte.[37] Seine Neuordnung der Navy schritt voran, Neuanschaffungen waren geordert, Schlachtschiffe ebenso wie Seeminen. Eine Seekriegsakademie wurde in Portsmouth gegründet und detaillierte Pläne für den Krieg gegen Deutschland erstellt. Die Royal Navy wurde darauf vorbereitet, einen einzelnen Widersacher zu vernichten und ihm seinen Handel und seine Märkte wegzunehmen. *»Es kann kein Zweifel bestehen«*, schrieb Lord Esher an seinen Sohn, *das in absehbarer Zukunft ein Titanenkampf zwischen Deutschland und England um die Vorherrschaft bevorsteht …«*[38]

Nagelprobe Marokkokrise

Sowohl Frankreich als auch Großbritannien ging es um Macht auf dem afrikanischen Kontinent. Während die Franzosen sich von Westen nach Osten voranarbeiteten, strebten die Briten von Norden nach Süden. 1898 kam es in Faschoda am Weißen Nil zu einer Krise, die den Höhepunkt der Rivalität beider Mächte in Afrika bildete. Frankreich gab schließlich nach, da es sich nicht wirklich mit Großbritannien anlegen wollte. Im Sudanvertrag wurden dann bereits gegenseitige Interessen abgesteckt.

1830 hatte Frankreich nach einem 17 Jahre andauernden Krieg das zum Osmanischen Reich gehörende Algerien erobert. Dadurch erhoffte es sich den Gewinn weiterer Kolonien sowie eine allgemeine Stärkung der Grande Nation.[39] Ab dem Jahr 1900 suchte es seinen Einfluss in Nordafrika zu erweitern und breitete sich immer mehr aus. Der heimlich betriebenen Aneignung Marokkos gab man den schönen Namen »friedliche Durchdringung«. Am 3. Oktober 1904 kam es zur Vereinbarung mit Spanien, dem der Küstenstreifen im Norden Marokkos mit Ausnahme von Fez zugesprochen wurde. Dies alles geschah ebenso wie die im Geheimvertrag zwischen London und Paris festgeschriebene Übergabe Marokkos in klarer Verletzung des Völkerrechts. Einen Widerspruch durch das Deutsche Reich – Mitunterzeichner der Madrider Konvention von 1880 – fürchtete der französische Außenminister Théophile Delcassé nicht, die Entente cordiale zeigte schließlich eindeutig die Dominanz der beiden imperialen Staaten England und Frankreich an. Darüber hinaus hoffte man, durch territoriale Zugeständnisse in anderen Teilen Afrikas einen Ausgleich mit Deutschland erzielen zu können.[40] Deutschland aber fühlte sich bei der Verteilung Afrikas übergangen und beschloss, Delcassé zu zwingen, die Interessen des Kaiserreichs zu beachten. Außerdem bat nun der Sultan von Marokko Berlin um Unterstützung. Kaiser Wilhelm II. wurde trotz starker Vorbehalte von seinen Beratern dazu überredet, anlässlich einer Reise ans Mittelmeer in Tanger zu landen und den Wunsch zum Ausdruck zu bringen, dass Marokko unabhängig bleiben möge. Der

Empfang am 31. März 1905 war würdevoll, und der Kaiser, der nicht ahnte, dass Marokko längst Frankreich zugeschlagen worden war, sagte mit deutlicher Spitze, er hoffe, dass unter der Herrschaft des Sultans »ein freies, souveränes Marokko der friedlichen Konkurrenz aller Mächte geöffnet wird«[41]. Das aber war nicht die Politik der Entente cordiale.

Die schleichende Übernahme Marokkos war ein Alleingang Théophile Delcassés: weder das diplomatische Korps noch die Kolonialpartei und die Abgeordnetenkammer waren einverstanden – nicht einmal seine Kabinettskollegen. Die erste Marokkokrise (1904–1906) war also die Folge der Eigenmächtigkeit des Außenministers. Er wollte Deutschland zeigen, dass es angesichts der englisch-französischen Solidarität machtlos war, und blieb während der gesamten Verhandlungen mit England bei seiner Weigerung, das Kaiserreich mit einzubeziehen. Die französische Abgeordnetenkammer bekam nun zunehmend Angst vor einem deutsch-französischen Krieg und griff Delcassés rücksichtslose Politik in einer leidenschaftlichen Debatte massiv an: Sozialistenführer Jean Jaurès (1859–1914) verlangte, Deutschland Erklärungen anzubieten und Verhandlungen einzuleiten. Wieso aber verweigerte sich Delcassé trotz des stürmischen Gegenwinds? Er war sich einfach der Unterstützung durch die maßgeblichen Kreise Englands sicher, besonders durch Edward VII., der insgeheim die Hoffnung hegte, einen Krieg zwischen Frankreich und Deutschland auszulösen. Der französische Botschafter in Großbritannien, Paul Cambon, schrieb: *»Die Engländer kamen uns in dem Maße näher, in dem – ihrer Meinung nach – die Feindschaft zwischen ihrem Land und Deutschland wuchs und sich zuspitzte.«*[42]

Geheime Planungen eines konzertierten militärischen Vorgehens waren der Beteiligung von Edward Grey an der Regierung vorausgegangen, der im Dezember 1905 englischer Außenminister wurde. Lord Lansdowne gab zu, dass englische und französische *»Militär- und Marineexperten… zusammengekommen waren und über mögliche Pläne der Zusammenarbeit auf ihrem jeweiligen Fachgebiet gesprochen hatten. Sie führten die Gespräche, wie immer, diskret.«*[43] Delcassé geriet schließlich im Land derartig unter

Beschuss, dass er seinen Rücktritt einreichte. Darauf reagierte man in England bestürzt, und Edward VII. höchstpersönlich beschwor ihn unter Hinweis auf die *»loyalen und vertrauenswürdigen Beziehungen«*[44] zwischen ihnen beiden, im Amt zu bleiben, worauf Delcassé seinen Rücktritt zurückzog – ein äußerst ungewöhnlicher Vorgang. Bereits am 5. April hatte Baron Jules Greindl, der belgische Gesandte in Berlin, seinem Außenminister Paul de Favereau berichtet: *»Es gibt keinen Zweifel mehr daran, dass es der König von England war, der unabhängig von der Regierung M. Delcassé angestiftet hat, eine kriegerische Politik zu verfolgen, und dass er es war, der das dahingehende Versprechen gegeben hat, 100 000 Soldaten würden in Schleswig-Holstein an Land gehen.«*[45]

Die Vereinbarung zur Beilegung der Marokkokrise – das Gesetz von Algeciras – wurde am 7. April 1906 unterzeichnet. Darin sprachen England und Italien – welches Ambitionen auf Tripolitanien und die Kyrenaika hatte – Frankreich in Marokko Vorrechte zu. Der deutsche Protest verhallte, Deutschland war isoliert.

1907: Das Jahr der Kriegspläne

Wer einen Krieg plant, braucht hierfür eine Begründung, welche die Vorbereitungen als notwendige Verteidigungsanstrengung gegen eine ernstzunehmende Bedrohung erscheinen lässt, denn die meisten Politiker sind bestrebt, es möglichst nicht zu einer Auseinandersetzung mit Waffengewalt kommen zu lassen. Aus diesem Grund bat Edward VII. wohl den zuverlässig deutschfeindlichen Büroleiter im britischen Auswärtigen Amt, Sir Eyre Crowe, um eine Denkschrift an Außenminister Grey, in der er am 1. Januar 1907 seiner Besorgnis bezüglich der wachsenden Bedrohung des Vereinigten Königreichs durch das aufstrebende kaiserliche Deutschland Ausdruck verlieh. Das 25-seitige Papier »Memorandum on the Present State of British Relations with France and Germany« war dann in entsprechend heuchlerischem Ton gehalten. Im Hinblick auf die Marokkokrise und den Zweiten Burenkrieg denkt man unwillkürlich an den Wolf, der Kreide gefressen hat.

Mit Verweis auf die Entente cordiale wird mit blumigen Worten der leidenschaftliche Wunsch aller Klassen und Parteien Frankreichs und Englands beschworen, künftig alle Reibungen zu vermeiden, um *»... in ehrenhaftem Frieden mit allen anderen Staaten zu leben«*[46]. Der französische Außenminister – im eigenen Land als Kriegstreiber gebrandmarkt – wird zum Helden stilisiert: *»Es ist Delcassés Klugheit und Gemeinsinn zu verdanken, dass er sich entschloss, die Hand zu ergreifen, die die britische Regierung ihm hinhielt. Es wurde der Versuch unternommen, diese Entscheidung so darzustellen, dass sie hauptsächlich ... vom Wunsch beeinflusst sei, die Hände Frankreichs im Kampf gegen Deutschland zu stärken. Dass Frankreich infolge des drohenden Zusammenbruchs der Russischen Macht im Japanischen Krieg Gefahr liefe, seinem großen Feind allein gegenüber zu stehen.«*[47] Als hätten Russland und Frankreich den Russisch-Japanischen Krieg 1904/05 nicht vorausahnen können! Durch die am 30. Januar 1902 geschlossene Allianz zwischen dem Vereinigten Königreich und dem Kaiserreich Japan lag dieser Krieg doch in der Luft, schließlich waren die strategischen

Erfolge Russlands in Asien eine direkte Bedrohung Indiens, des britischen Kronjuwels. *»Niemand«*, säuselt Crowe beschwichtigend, *»hat dem französisch-russischen Bündnis jemals ernstlich den Charakter einer im Geiste kriegerischer Aggression konzipierten Verbindung zugeschrieben.«*[48] Die deutschen Strategen mussten genau dies tun.

Eine weitere Maßnahme in Richtung Krieg war die Berufung von Henry Hughes Wilson zum Kommandeur der Kriegsakademie Camberley. Er trat Anfang 1907 seinen Dienst in der Kaderschmiede an. Innerhalb von gut fünf Jahren hatte er es vom Hauptmann zum Brigadegeneral gebracht. Eine solche Karriere verdankt sich nicht allein militärischer Tüchtigkeit wie im Burenkrieg, sondern lässt auf einen ausgeprägten politischen Instinkt schließen. So hatte Wilson schon anlässlich des Besuchs des französischen Präsidenten Émile Loubet im Juli 1903 die Notwendigkeit einer französisch-britischen Allianz gegen die Deutschen betont, da diese *»eine zunehmende Bevölkerung und keine politische Moral«*[49] besäßen. Vermutlich ging Wilsons Abneigung auf den Krieg gegen die Buren zurück, die von niederländischen und deutschen Siedlern abstammten und von ihm pauschal mit den Deutschen gleichgesetzt wurden. Im Kriegsministerium traf er auf gleichgesinnte Offiziere, die wegen der zuletzt zutage getretenen Mängel der britischen Armee auf Reformen drängten, welche Haldane dann umsetzte. Trotz seiner Impulsivität und Ungeduld besaß Wilson Humor und Fantasie sowie ein energisches Auftreten. Zudem war er ein begabter Lehrer, der seine Schüler für umfassende strategische Analysen begeisterte und sie ermutigte, expansiv zu denken. Sein Unterricht war praxisnah: Er ließ bereits Pläne für den Einsatz eines britischen Expeditionskorps entwerfen.[50]

1907 berief Premier Campbell-Bannerman ein Komitee aus Vertretern europäischer Kolonialmächte ein: Großbritannien, Frankreich, Belgien, Holland, Portugal, Spanien und Italien – ohne Deutschland und Russland. Die Mitglieder waren Fachleute auf den Gebieten Geschichte, Geografie und Wirtschaft. Zusammen wollte man nach Wegen suchen, die Kontinuität der Kolonialpolitik zu gewährleisten. Im Abschlussbericht der

Konferenz heißt es, die arabischen Länder und die muslimisch-arabische Bevölkerung stellten eine massive Bedrohung für die europäischen Staaten dar, und *»daß ein Fremdkörper in das Herz dieser Nation gepflanzt werden muß, um die Vereinigung ihrer Flügel zu verhindern, und zwar auf eine solche Weise, daß ihre Kräfte sich in niemals endenden Kriegen erschöpfen«*[51].

Am 31. August 1907, drei Jahre nach dem Russisch-Japanischen Krieg, unterzeichneten der britische Botschafter Sir Arthur Nicholson und der Außenminister des zaristischen Russland, Graf Alexander Petrowitsch Iswolski (1856–1919), den Vertrag von St. Petersburg. Darin wurden die Interessensphären in Zentralasien abgesteckt. Eine französisch-russische Allianz bestand ja bereits seit Januar 1894, sie richtete sich gegen das protestantische Deutsche Kaiserreich – nicht zuletzt als Reaktion auf Bismarcks Kulturkampf. Selbst der Vatikan soll maßgeblich daran beteiligt gewesen sein.[52] Der Petersburger Vertrag bildete nun also die Grundlage für die »Triple Entente«, die im Pakt von London am 5. September 1914 geschlossen wurde. Genau wie Bismarck es einst vorhergesehen hatte, entwickelte sich also die französisch-russische Allianz von 1894 mit der Aufnahme von England zum Dreierbündnis, dessen Bedeutung als kriegsentscheidende Koalition im Ersten Weltkrieg unbestritten ist.

Graf Iswolski, vormals russischer Botschafter im Vatikan, spielte bei alldem eine nicht geringe Rolle. Nach einem Zwischenspiel als Gesandter in Japan und in Dänemark machte er 1906 einen enormen Karrieresprung zum Außenminister in St. Petersburg. Zu verdanken hatte er das einer persönlichen Empfehlung Edwards VII. gegenüber Zar Nikolaus II. Die Geheime Elite hatte Iswolski in der Tasche, da sie ihm mit ihren Schmiergeldern einen luxuriösen Lebensstil ermöglichte.[53]

1907 wurde Konteradmiral Sir Charles Ottley Sekretär des CID. 1908 schrieb er dem Ersten Seelord, eine Blockade Deutschlands sei während der gesamten drei Jahre seiner Amtszeit als Marinegeheimdienstchef ein ständiges Thema gewesen. Die Admiralität habe den Standpunkt vertreten, das Zusammenspiel aus der geografischen Lage und seiner herausragenden Seemacht gebe England hierzu eine einfache Methode an die Hand. Die Mühlen der Seestreitkräfte würden *»die deutsche Industrie sowie die Bevölkerung vielleicht nur langsam ..., aber ›überaus fein zermahlen‹. Früher oder später würde Gras auf den Straßen Hamburgs wachsen, Tod und Untergang würde sich ausbreiten«.*[54] Seit 1907 wurden in Acht-Stunden-Intervallen die Positionen deutscher Schiffe überwacht. Angesichts der Überlegenheit der britischen Seestreitkräfte kann man sich vorstellen, was die Blockade für Deutschland bedeuten würde. Die Akte mit den Kriegsplänen der Admiralität von 1907 enthält nachfolgende sieben Argumente:

1. Der deutsche Handel wächst rasch.
2. Der Pro-Kopf-Verbrauch von Getreide nimmt zu.
3. Deutschland wird immer stärker abhängig davon, Lebensmittel und Rohstoffe aus dem Ausland zu beziehen.
4. Es gibt nicht ausreichend neutrale Schiffe, um britische und deutsche Schiffe, die aufgrund eines Krieges festsitzen (und ansonsten Deutschland beliefern würden), zu ersetzen.
5. Aufgrund ihrer geografischen Lage können Deutschlands Handelshäfen gut durch einen starken von See angreifenden Gegner geschlossen werden.
6. Von dem Geld, das Deutschland aufgrund der Handelsausfälle entgehen würde, fände ein Großteil seinen Weg zwingend nach England.
7. Selbst wenn man davon ausgeht, dass Deutschland Getreide usw. auf dem Landweg beziehen würde, wären die Preise sehr hoch.[55]

1908 wurde Kapitän Maurice Hankey (1877–1963) – er hatte sich seine Sporen im Marinegeheimdienst unter Charles Ottley erworben – zum Marinesekretär des CID befördert. Ab 1911 begann Ottley, Hankey tiefer in die Absichten des CID einzubinden, quittierte jedoch 1912 den Dienst und trat einen lukrativen Direktorenposten beim Rüstungsgiganten Armstrong-Whitworth an. Trotz seiner Erfolge habe Ottley *»nie den Einfluss oder die Eminenz seines Nachfolgers«*[56] erreicht, so das Urteil des Oxford Dictionary. Hankey stieg nun zum leitenden Sekretär auf und bekleidete den Posten für die nächsten sechsundzwanzig Jahre. Im ersten Kriegsjahr übernahm er dazu noch die Aufgabe des Sekretärs des War Council. Hankey postulierte, dass jeder militärische Konflikt mit Deutschland *»rund um unsere Seemacht«* aufgebaut sein müsse, es seien *»nur die Instrumente dieser Macht, die variieren«.*[57] Über die Neuorganisationen der britischen Marine durch Admiral John A. Fisher schreibt Hankey, sie sei erforderlich gewesen *»...durch die aus der Entente mit Frankreich und Russland und der zunehmenden Bedrohung durch Deutschland resultierende Neuausrichtung unserer Außenpolitik«*[58].

Die Richtungsänderung der englischen Politik zwischen 1904 und 1907 glich einer Revolution: Die »Balance of Power«-Strategie fokussierte nicht länger Frankreich und Russland, sondern den neuen Widersacher Deutschland. Als Reaktion auf zunehmende Handelsaktivitäten und den Eintritt in den globalen Markt, der notwendig war, um aus aller Welt Lebensmittel für die Fabrikarbeiter zu beziehen, hatte das Deutsche Reich mit dem Bau einer Flotte begonnen. Die kaiserliche Marine war zwar deutlich kleiner als die Royal Navy, wurde aber dennoch im Sinne der Kriegspropaganda zur potenziellen Gefahr für die britische Oberhoheit über die Meere hochstilisiert. Admiral Fisher wusste, dass die Deutschen keine Bedrohung sein konnten, da sie nur wenige Stützpunkte im Ausland besaßen und die deutsche Küste leicht abgeriegelt werden konnte. Dass sie eine Flotte bauten, war für ihn eine normale Entwicklung, die indes aufgehalten werden musste. Einen Krieg sah er deshalb als unvermeidlich an, denn Deutschland galt als kommende Macht, während Frankreichs Stern im Sinken begriffen war. Hankey lobte Fishers Anstrengungen später: *»Diese Bündelung der Kräfte erfolgte nicht über Nacht, und die Flotte durchlief viele Änderungen, was die Bezeichnungen und die Form anging, bevor sie zu der Grand Fleet wurde, die 1914 in den Krieg zog. Es war 1904 gewesen, als dieser groß angelegte Plan tatsächlich das Licht der Welt erblickt hatte.«*[59]

Oppositionsführer Balfour war in die Planungen eingeweiht, er wusste besser als die meisten Mitglieder der Regierung darüber Bescheid, was vor sich ging, und definitiv besser als die große Mehrheit der Abgeordneten. Obwohl er nicht der Liberalen Partei angehörte, wurde er dennoch 1907/08 und 1913/14 ins CID aufgenommen und 1914 als einziger führender Oppositionspolitiker in das Kriegskabinett von Premierminister Asquith berufen. Anlässlich der zweiten Haager Friedenskonferenz vom 15. Juni bis zum 18. Oktober 1907 stellte der amerikanische Botschafter in London, Henry White – den »Colonel« Edward House, US-Präsident Wilsons außenpolitischer Berater, für den größten amerikanischen Diplomaten hielt – seinem alten Freund Balfour Fragen zu der gefährlichen Entwicklung in Europa. Der ehemalige Premier antwortete in aller Offenheit. Whites Tochter hielt die Konversation fest:

Balfour: *»Wir sind vermutlich Narren, dass wir keinen Grund dafür finden, Deutschland den Krieg zu erklären, bevor die Deutschen zu viele Schiffe bauen und uns den Handel wegnehmen.«*

White: *»Sie sind im Privaten ein sehr moralischer Mensch. Wie können Sie da überhaupt nachdenken über etwas politisch dermaßen Unmoralisches wie das Provozieren eines Krieges gegen eine harmlose Nation, die ein ebenso großes Anrecht auf eine Marine hat wie Sie? Wenn Sie mit dem deutschen Handel konkurrieren wollen, dann arbeiten Sie härter.«*

Balfour: *»Das würde bedeuten, unseren Lebensstandard zu senken. Vielleicht wäre es für uns einfacher, einen Krieg zu führen.«*

White: *»Ich bin schockiert, dass ausgerechnet Sie derartige Prinzipien von sich geben.«*

Balfour: *»Ist es eine Frage von richtig oder falsch? Vielleicht geht es einfach nur um die Frage, ob wir unsere Vormachtstellung erhalten wollen.«*[60]

1911: Auftakt zum Ersten Weltkrieg

Nachdem König Edward VII. am 6. Mai 1910 verstorben war, keimte bei manchen Deutschen und auch einigen Briten die Hoffnung auf, dass wieder freundschaftlichere Beziehungen zwischen den beiden Ländern geknüpft werden könnten. Doch die Geheime Elite hielt weiter das Ruder in der Hand.

Lord Frederick S. Roberts und Sir Alfred Milner stellen sich in Pose anlässlich des Burenkriegs (um 1900)

Am 4. April 1911 nahm das britische Oberhaus eine Resolution des Milner-Freundes und Burenkriegshelden Feldmarschall Frederick S. Roberts (1832–1914) zur Einführung der allgemeinen Wehrpflicht an. Wichtig war der Einfluss von Earl Roberts insbesondere deshalb, weil er Männer, die während diverser Feldzüge unter ihm gedient hatten, wie z. B. John French, Henry Wilson, William Robertson, Henry Rawlinson und Douglas Haig, in Schlüsselpositionen im Kriegsministerium und in die höchsten Ränge der Streitkräfte brachte.[61] Sie verdankten Roberts alles, und sie waren in Südafrika ausgewählt worden aufgrund ihrer Loyalität gegenüber ihm und seiner »Vision«.

Den Aufstand der Berberstämme in Marokko im Frühjahr nutzte Frankreich zum Einsatz seiner Truppen – angeblich hatte Sultan Abd al-Hafiz um Hilfe gebeten. Wer denkt da nicht sofort an den IS, der den Vorwand für die Stationierung von US-Truppen in Syrien lieferte? Das Eingreifen

Frankreichs führte zur Zuspitzung der Lage in Marokko. In dieser Phase traf am 15. Mai das deutsche Kaiserpaar zu einem fünftägigen Staatsbesuch in Großbritannien ein und wurde von Wilhelms Cousin Prince George, dem Nachfolger Edwards VII., und der Londoner Bevölkerung freundlich empfangen. Leider konnte der Kaiserbesuch die Marokkokrise nicht entspannen. Als Frankreich am 21. Mai 1911 widerrechtlich die Festungen Fes und Rabat besetzte, eskalierte der Konflikt. Abd al-Hafiz war zwar froh über die Niederschlagung des Aufstands, protestierte jedoch gegen die Besetzung und verwies auf die Verträge von Algeciras. Das Deutsche Reich sah in dem Besatzungsakt einen eindeutigen internationalen Vertragsbruch sowie eine Verletzung des deutsch-französischen Abkommens von 1909 und war nicht bereit, Frankreich die Vorherrschaft über Marokko zu überlassen.

Um der deutschen Forderung Nachdruck zu verleihen und Frankreich zu Verhandlungen zu zwingen, wurde am 1. Juli 1911 vom zuständigen Staatssekretär im Auswärtigen Amt, Alfred von Kiderlen-Wächter, das Kanonenboot *Panther* nach Agadir entsandt – Höhepunkt der zweiten Marokkokrise. Während aber der sogenannte »Panthersprung von Agadir« erfolgreich in allen Köpfen verankert werden konnte, ist die vorangegangene französische Besetzung von Fes und Rabat den meisten völlig unbekannt. Die militärische Drohung mittels des Kriegsschiffes – die eigentlich mehr eine Demonstration war – zeigt, dass Deutschland etwas Wichtiges nicht begriffen hatte: Die Verträge von Madrid und Algeciras waren längst Makulatur, Großbritannien und Frankreich hatten Nordafrika bereits unter sich aufgeteilt. Den beiden Großmächten erschien das Auftrumpfen des deutschen Kaisers lächerlich, später ließ es sich aber für die eigene Propaganda gut ausschlachten. Die Verhandlungsbasis Deutschlands war durch die französisch-britische Allianz stark geschwächt, folglich konnte es beim Marokko-Kongo-Vertrag, der am 4. November 1911 von Deutschland und Frankreich unterzeichnet wurde und die Marokkokrise beendete, nur einen Bruchteil der geforderten Gebietsgewinne als Kompensation für die Anerkennung der französischen Vormacht in dem nordafrikanischen Land erreichen, was Wilhelm II., der keinen Krieg riskieren wollte, zu Hause als Feigheit ausgelegt wurde. Frankreich aber hatte sein Ziel erreicht und konnte außenpolitisch weiter punkten: Durch den Briefwechsel zwischen Außenminister Grey mit dem französischen Botschafter in London, Paul Cambon, wurde aus der Entente cordiale 1912 ein faktisches Bündnis.[62] Keine friedliche Regelung dagegen gab es zwischen Italien und der Türkei. Am 5. November unterzeichnete der italienische König Viktor Emanuel III. ein Dekret über die Annexion von Tripolis und der Kyrenaika und hielt damit den Kriegszustand zwischen Italien und dem Osmanischen Reich aufrecht.

Für den Kulturhistoriker Oswald Spengler, bekannt durch sein Werk »Der Untergang des Abendlandes«, begann der Weltkrieg im Grunde mit der zweiten Marokkokrise und dem italienischen Angriff auf Tripolitanien[63]. Frankreich und Russland hatten Italien den Besitz zugesichert. Spengler war entsetzt über die Torheit der deutschen Politik, *»welche die vollzogene Einschließung Deutschlands ruhig hinnahm«*, und über *»die Blindheit aller Kreise, die nicht an einen Krieg glaubten, der in Wirklichkeit schon ausgebrochen war«.*[64] Sind wir heute vielleicht in einer ähnlichen Situation?

Am 6. Juli 1911 betonte Premier Asquith vor dem Unterhaus die britischen Interessen in Marokko und verwies auf die Verpflichtungen gegenüber Frankreich. Er war erst drei Monate zuvor – drei Jahre nach seinem Amtsantritt – von Außenminister Grey in die Absprachen mit Frankreich eingeweiht worden, von denen sonst nur noch Kriegsminister Haldane wusste, Greys Schreiben an Asquith lässt diesbezüglich keinen Zweifel aufkommen.[65] Und bei dieser strikten Abschottung blieb es. Lediglich ausgesuchte Männer wie Winston Churchill (1874–1965) und David Lloyd George (1863–1945) wurden zu einzelnen Sitzungen des CID hinzugezogen.

Vom 23. Mai bis zum 20. Juni 1911, direkt nach dem Staatsbesuch Wilhelms II., fand in London die »Imperial Conference« (früher »Colonial Conference«) statt. Die von weither angereisten hochrangigen Gäste – Regierungschefs und Minister aus Australien, Kanada, Neufundland, Neuseeland und Südafrika – konnten im Anschluss gleich den Krönungsfeierlichkeiten beiwohnen. Ziel der Konferenz war es, die Anwesenden von der Strategie zu überzeugen, mit der Deutschland in die Knie gezwungen werden sollte. Hankey plante, im Krieg das gesamte Empire auszunutzen. Dazu hatte er bereits 1910 im »War Book«[66] die ersten Schritte im Falle eines Kriegsausbruchs festgehalten – neben Wirtschafts- und Seeblockade auch die Eroberung feindlicher Kolonien mithilfe der Dominions. Das jedoch bedeutete, dass die Regierungen der sogenannten »weißen Dominions« – Länder mit hohem europäischen Bevölkerungsanteil – informiert werden mussten, und das zu einem Zeitpunkt, als nicht einmal das britische Kabinett von den Kriegsplänen wusste. Kanada z. B. verfügte über einen gewaltigen Pool an jungen Männern, deshalb war Milner 1908 per Zug von Küste zu Küste gereist, voll des Lobes über den Geist und den Patriotismus der Kanadier und ihre Loyalität gegenüber dem Empire.

Der Spagat zwischen Geheimhaltung und notwendiger Information war auf den Kolonialkonferenzen 1907 und 1909 gelungen, auf denen eine militärische Zusammenarbeit bereits erörtert wurde. Und er gelang auch auf der Konferenz 1911, wo die Vertreter der Dominions, so berichtet Maurice Hankey später, *»in unser vollstes Vertrauen aufgenommen wurden«*[67]: Asquith, Grey und McKenna stellten den Vertretern der Kolonien Hankeys Ideen vor. Bei einem Wirtschaftskrieg gegen Deutschland kam ihnen große Bedeutung zu. Ihre Nachrichtendienste könnten den deutschen Handel und Schiffsverkehr in Afrika und im Pazifik überwachen, sodass die Royal Navy den Auslandshandel mit Kriegsausbruch würde lahmlegen können. Grey motivierte die Repräsentanten in einer »wegweisenden« Rede, sich zu Hause unverzüglich an die Vorbereitungen zu machen. In seinen Worten, schreibt Hankey, fände sich der *»Grund für unseren Eintritt in die Kriege von 1914 und 1939«*[68]: die Wahrung des Gleichgewichts der Mächte. Großbritannien werde sich in jeden europäischen Krieg mit napoleonischen Zielen einmischen. Im Klartext: England werde gegen jede Nation, die eine Vereinigung Europas anstrebte und damit die »Balance of Power«-Politik in Gefahr brachte, Krieg führen. Eine *»große Kombination in Europa, bei der wir ohne einen Freund außen vor bleiben«*, sei eine Entwicklung, die man nicht zulassen werde.[69] Grey argumentierte: Wenn man nicht präventiv eingreife, werde England seine Flottenausgaben massiv erhöhen und so stark wie die fünf nächstgrößeren Mächte werden müssen, um weiterhin auf den Weltmeeren herrschen zu können. Alle wussten, worauf Grey hinaus wollte: Krieg mit Deutschland.

Großbritannien rüstete später tatsächlich erheblich auf, im Ergebnis aber verlor es durch den Ersten Weltkrieg die Oberhoheit über die Meere und war aufgrund eines verzehnfachten Zahlungsbilanzdefizits finanziell nicht mehr imstande, die Welt zu kontrollieren. Nach Greys Rede habe Asquith *»detailliert Auskunft«* gegeben darüber, womit *»sich das Committee befasst hatte, darunter eine reißerische Beschreibung des ›War Book‹, das damals erst wenige Wochen zuvor in Angriff genommen worden war.«*[70] Sämtliche Maßnahmen der Dominions im Falle eines Krieges gegen Deutschland seien so ausgerichtet gewesen, *»dass sie mutatis mutandis mit unseren eigenen übereinstimmten«.*[71] Die britische Delegation auf der Imperial Conference wurde durch Insider des CID dominiert: Grey, Lloyd George, Haldane, Churchill; auch Premier Asquith muss als Insider gesehen werden. So waren trotz des Todes von Edward VII. die Planungen schon so festgezurrt, dass der Krieg kaum noch aufzuhalten war.

Am Abend des 21. Juli 1911 hielt Lloyd George während des Londoner Banker's Dinners, das alljährlich zu Ehren des Schatzkanzlers sowie des Direktors der Bank of England und verschiedener anderer bedeutender Finanzgrößen und Kaufleute im ehrwürdigen Mansion House, dem Amtssitz des Lord Mayor der City of London, stattfand, eine Tischansprache, in der auch er vor einer deutschen Expansion warnte und seine bisher zur Schau getragene pazifistische Attitüde ablegte. Er sprach sich für den Krieg als Ultima Ratio aus, da Großbritannien *»auf alle Fälle seinen Platz und sein Ansehen bei den Großmächten der Welt bewahren sollte. Sein starker Einfluss war schon oft und ist auch künftig unschätzbar für die menschliche Freiheit… Aber wenn uns eine Situation aufgezwungen werden sollte, in der Frieden nur durch die Preisgabe der großen und wohltätigen Position bewahrt werden könnte, die Großbritannien in Jahrhunderten des Heroismus und der Errungenschaften gewonnen hat… sage ich nachdrücklich, dass Frieden zu diesem Preis eine Demütigung sein würde, die für ein großes Land wie unseres unerträglich ist…«*[72] Mit dieser Mansion-House-Rede, heute eine vielzitierte Wegmarke bei der Erforschung der Vorgeschichte des Ersten Weltkriegs, empfahl sich Lloyd George der »City of London« für höhere Aufgaben.[73] Was hatte den Sinneswandel des früheren Sozialreformers und Antikriegskämpfers veranlasst? Wie wurde er zum Hoffnungsträger der Finanzelite? Lloyd George sei *»in nichts verwurzelt«* gewesen, urteilte der britische Nationalökonom John Maynard Keynes.[74] Und in der Wahl der politischen Mittel schien er nicht zimperlich gewesen zu sein: Nach einer idealistischen Jugendphase zog es ihn in die Nähe der Reichen und Mächtigen, deren Verhalten er schließlich übernahm. Er spekulierte mit Aktien und sah sich später sogar Korruptionsvorwürfen ausgesetzt. Zudem war er eng befreundet mit Winston Churchill, der von Anfang an die Interessen der Milner-Gruppe unterstützte. Churchill zog, nachdem sich die diplomatischen Wogen der Marokkokrise und die deutsche Verstimmung über Lloyd Georges Rede wieder gelegt hatten, in einem Brief an seine Ehefrau das zufriedene Resümee: *»Sie schickten ihren Panther nach Agadir, wir schickten unseren kleinen Panther nach Mansion House: mit den besten Ergebnissen.«*[75]

Im August 1911 berief Premier Asquith eine Sitzung des CID mit sämtlichen Mitgliedern ein. Auf der Tagesordnung stand die Frage, ob man Frankreich bewaffnete Unterstützung leisten wolle. General Henry Wilson, Direktor für Militäroperationen, erläuterte den Anwesenden, wie er *»am linken Flügel der Franzosen«* das britische Expeditionskorps landen und aufmarschieren lassen würde. Flottenadmiral Sir Arthur Wilson meldete sich zu Wort, blieb aber mit seinem Konzept, zur Unterstützung der Seeblockade an der norddeutschen Küste kleine amphibische Landungen durchzuführen, weit hinter dem Plan von General Wilson zurück, der im Juli ohne das Wissen der britischen Admiralität zusammen mit dem französischen Stabschef General Auguste Dubail ein Memorandum zur Unterstützung französischer Truppen im Kriegsfall ausgearbeitet und unterzeichnet hatte – insgesamt ging es um 150 000 Mann und 67 000 Pferde, kampfbereit am 13. Mobilisierungstag.[76] Grey hatte dafür gesorgt, dass auch das CID von diesem Abkommen nichts erfuhr.

Nach der CID-Sitzung beförderte Asquith den Strategen Winston Churchill zum Ersten Seelord der Admiralität und damit zum politischen Kopf der britischen Marine. Er sollte die Flotte in Form und auf den gewünschten strategischen Kurs bringen. Beeinflusst durch Gespräche mit Marcus Samuel, dem Gründer des Mineralöl- und Erdgasunternehmens Shell, forcierte Churchill die Umstellung auf Ölantrieb, um damit einen Rüstungsvorsprung gegenüber Deutschland zu erlangen. Bei seinem Amtsantritt verfügte die Royal Navy bereits über 56 Zerstörer und 74 Unterseeboote, die mit Öl betrieben wurden. Nun wurde dem Zugriff auf die Golfregion und deren Häfen höchste Priorität eingeräumt. Gleichzeitig versuchte man zu verhindern, dass Deutschland an Erdöl herankam. Während des Ersten Weltkrieges betonte Maurice Hankey, inzwischen Sekretär des Kriegskabinetts, die Kontrolle über das persische und mesopotamische Öl sei ein *»erstrangiges britisches Kriegsziel«*[77].

Im Herbst waren die Kriegspläne des CID so weit gediehen, dass man Premierminister Asquith informierte. Am 4. Oktober 1911 notierte Lord Esher: *»Heute Morgen kam der Premierminister in mein Zimmer, um über die Admiralität zu sprechen. … Dann sprachen wir über die Pläne des Generalstabs, eine Armee in Frankreich anzulanden. Der Premier ist gegen diesen Plan. Er will nichts davon hören, mehr als vier Divisionen zu entsenden. Das hat er [Kriegsminister Richard Haldane, Anm. d. Verf.] auch so gesagt. Ich erinnerte ihn daran, dass allein schon die Tatsache, dass der Plan des Kriegsministeriums im Detail mit dem französischen Generalstab ausgearbeitet wurde (was ja auch stimmt), uns doch gewiss zum Kampf verpflichtet, egal ob es dem Kabinett gefällt, und dass sich der kombinierte Plan der beiden Generalstäbe behauptet. Es ist schon eine ungewöhnliche Sache, dass unseren Offizieren erlaubt wurde, alle Details zu arrangieren, die Züge, die Landungen, die Aufmarschgebiete usw., wiewohl das Kabinett niemals hinzugezogen wurde. Ich fragte den Premierminister, ob es seiner Meinung nach möglich wäre, innerhalb von sieben Tagen nach Kriegsausbruch eine britische Streitmacht in Frankreich stehen zu haben, angesichts der Tatsache, dass das Kabinett (die Mehrheit seiner Mitglieder) noch niemals von dem Vorhaben gehört hat. Er hält es für unmöglich! … Alles in allem zeigte der Premierminister, dass er sehr viel über diese Probleme nachgedacht hatte.«*[78]

Während Deutschland und Russland im August in St. Petersburg ein Abkommen über die gegenseitigen Interessensphären in Persien unterzeichneten, das u. a. die Anbindung Teherans an die Bagdadbahn vorsah, forderte Italien am 28. September 1911 das Osmanische Reich ultimativ auf, der Besetzung der Stadt Tripolis und der Kyrenaika durch italienische Truppen zuzustimmen. Als die Regierung in Konstantinopel dies ablehnte, erklärte Italien den Krieg, Marinetruppen richteten nach mehrtägigem Bombardement von Tripolis ein Blutbad unter der Bevölkerung an. Auch in China gärte es. Am 10. Oktober löste die Meuterei einer Garnison in Wuchang eine Revolution aus. Am 12. Oktober sagte sich die Provinz Hupei vom Kaiserreich China los und proklamierte die »Republik der Mitte«.

1911 erschien das Buch »Die südslawische Frage im Habsburger Reiche« des britischen Historikers Robert Seton-Watson. Darin sprach er sich für eine Auflösung Österreich-Ungarns und die staatliche Einheit der »Südslawen«, also der Jugoslawen aus. Politisch lag er damit auf der Linie des serbischen Ministerpräsidenten Nicola Pašić. Zusammen mit dem Journalisten Henry Wickham Steed wies er immer wieder auf den »deutschen Drang nach Osten« hin. Beide knüpften damit an die Publikationen der Franzosen André Chéradame und Georges Weill sowie an Schriften panslawischer Publizisten an, die bereits ab der zweiten Hälfte des 19. Jahrhunderts die »deutsche Gefahr« beschworen. Daneben vergaß Watson nicht, auf die Bedrohung der britischen Kolonien durch das »Berlin-Bagdad-Bahn-Projekt« hinzuweisen. Sein Engagement wurde belohnt: Robert William Seton-Watson erhielt Ehrendoktorhüte der Universitäten Prag (1919), Zagreb (1920), Belgrad und Bratislava (beide 1928) sowie Cluj (1930).

Und schließlich wurde 1911 Raymond Poincaré (1860–1934) – ehemaliger Finanz- und Unterrichtsminister und honoriges Mitglied der Académie Française – wieder politisch aktiv und setzte auf eine betont nationale Haltung. Ab 1912 Ministerpräsident und gleichzeitig Außenminister, spielte er eine bedeutende Rolle in der Geheimdiplomatie der Entente-Mächte. Mit Poincaré und Iswolski, der seit 1910 als russischer Botschafter in Paris mit prall gefülltem Beutel hinter den Kulissen die Fäden zog und dem Poincaré seinen Aufstieg verdankte, gewannen nun die Kriegstreiber vollkommen die Oberhand.

1912/13: Endspurt der Kriegstreiber

Um den Pazifisten Joseph Caillaux absägen zu können und an seiner Stelle den Revanchisten und Deutschlandhasser Poincaré als französischen Premierminister an die Macht zu bringen, hatte Alexander Iswolski mit dem Geld der Geheimen Elite Politiker bestochen und die Presse geschmiert, damit sie die Öffentlichkeit gegen Caillaux aufwiegelten. Poincaré sollte nun die Franzosen gegen Deutschland aufhetzen, um sie anschließend in den Krieg zu führen. Sein persönliches Ziel war die französische Rückgewinnung Elsass-Lothringens, und dafür verkaufte er seine Seele. Sofort nach seiner Amtseinführung suchte er höchstpersönlich Botschafter Iswolski in dessen Büro auf – als wäre er dessen Untergebener – und beteuerte seine Solidarität mit Russland.[79] Poincaré stärkte die Triple Entente und sorgte für eine massive Aufrüstung nicht nur in Frankreich, sondern auch in Russland. Am 27. Januar 1913 wurde er, gestützt auf ein Mitte-rechts-Bündnis, zum Staatspräsidenten gewählt, bis 1920 hatte er das Amt inne. Er war nicht nur entscheidend an den Kriegsvorbereitungen beteiligt, sondern setzte sich später entschieden für die Fortsetzung des Krieges bis zum Sieg ein. 1919 wurde er in die »American Academy of Arts and Sciences« gewählt.

Iswolski intrigierte auch erfolgreich auf dem Balkan. Besonders in Serbien konnte er die Stimmung mithilfe von Handlangern aus Diplomatie und Wirtschaft gegen die Habsburger aufheizen. Die russischen Diplomaten in Belgrad bekamen Geld, Anweisungen und Hilfeversprechen aus St. Petersburg – von Iswolski sowie von Außenminister Sergej Sasonow (1860–1927), der Marionette der im Hintergrund agierenden Geheimen Elite. Deutschland schien weiterhin ahnungslos zu sein. Kriegsminister Haldane berichtete jedenfalls nach seinem Berlin-Besuch im Februar 1912, dass an der Spitze des Deutschen Reiches Chaos herrsche und eine zielstrebige Planung eines Hegemonialkrieges nicht zu erkennen sei. Christopher Clark konstatiert einen Wechsel in der britischen Außenpolitik: Das Österreich der Habsburger, bisher als Stabilitätsfaktor in Europa gesehen, war nun reif für die Tonne. Es gab keine Solidarität unter den Monarchien mehr, und Frankreich finanzierte im Sinne britischer Interessen die Rüstung in Russland und Serbien. Ein riskantes Spiel, meint Clark: *»Sie pumpen große Summen nach Serbien und machen es so zum östlichen Bollwerk der Entente-Mächte.«*[80]

Im Deutschen Reichstag warnte der SPD-Abgeordnete Eduard David am 18. Mai 1912 vor der strategischen Flottenaufrüstung der britischen Dominions und zitierte dabei eine Aussage Winston Churchills: *»Wenn die Hauptaufgabe der Flottenentwicklung in den letzten zehn Jahren darin bestand, die britische Flotte an entscheidenden Orten zu konzentrieren, so scheint es mir nicht unwahrscheinlich, daß die Flottenentwicklung in den nächsten zehn Jahren ein Wachstum der Flottenstärke in den großen Dominions über See bringen wird. Dann werden wir sozusagen eine Arbeitsteilung zwischen dem Mutterland und den Töchterstaaten vornehmen können.«*[81] Das hätte Deutschland alarmieren müssen, hängt doch laut dem US-amerikanischen »Marine-Clausewitz« Alfred Thayer Mahan die Stärke einer Seemacht weniger von der Anzahl und Größe der Schiffe als von der Zahl der Stützpunkte ab.[82] Mahan forderte für die USA weltweite Stützpunkte und den steten Willen zur Expansion und trug damit wesentlich zum Erfolg des US-Imperiums bei. Inselstaaten, so Mahan, seien im Verhältnis zu Staaten mit kontinentalen Grenzen im Vorteil: *»Die Geschichte hat schlüssig nachgewiesen, daß ein Staat selbst mit einer einzigen kontinentalen Grenze zum Wettbewerb im Aufbau einer Marine mit einem Inselstaat unfähig ist, auch wenn dieser Inselstaat nur über eine kleinere Bevölkerung und geringere Mittel verfügt.«*[83] Deutschland hätte sich also den Aufbau einer Flotte eigentlich sparen können. Schon am 8. Dezember 1914 versenkten die Briten nach dem Seegefecht bei den Falklandinseln das deutsche Atlantikgeschwader ohne nennenswerte Verluste – bis auf die »Dresden«, die erst später zerstört wurde.

Unter der seit 1909 propagierten Formel »Der Balkan den Balkanvölkern!« fassten Serbien und Bulgarien einen »Balkanbund« ins Auge.[84] Gemeinsam sollte eine Ausdehnung Österreichs-Ungarns verhindert und Albanien und Mazedonien von der Türkei befreit werden. Damit waren umfangreiche Konflikte vorprogrammiert. Am 13. März 1912 schlossen Bulgarien und Serbien einen Offensivvertrag gegen die Türkei, dessen geheime Anlage alle Entscheidungen Russland zuwies. Dem folgten am 29. Mai ein bulgarisch-griechischer Vertrag, am 2. Juli die bulgarisch-serbische und am 25. September die bulgarisch-griechische Militärkonvention. Schon im Frühsommer 1912 hatte sich Serbien auch der Hilfe des aufständischen Albanien versichert. Als die Krise auf dem Balkan einen europaweiten Krieg auszulösen drohte, wurden die Absprachen zwischen Briten und Belgiern weiter vertieft und die gemeinsame Militärtaktik bis ins Detail besprochen. In geheimen Leitfäden für das britische Militär finden sich genaue geografische und strategische Angaben über Belgien: von Karten und Stadtplänen bis zur Infrastruktur sowie englische Übersetzungen belgischer Bestimmungen. Verbindungsoffizier Oberstleutnant George Bridges vertraute den Belgiern an, dass sich Großbritanniens Armee aus sechs Infanteriedivisionen und acht Kavallerieregimentern zusammensetzte, insgesamt rund 160 000 Mann, und dass *»alles bereit«* sei.[85] Im Protokoll des Gesprächs zwischen Bridges und Generalstabschef Harry Jungbluth vom 23. April 1912 heißt es, dass im Fall eines deutschen Angriffs auf Frankreich *»die Briten ihre Truppen unter allen Umständen in Belgien anlanden«* würden – also mit oder ohne die Zustimmung der Belgier.[86] Neutralität sieht anders aus.

Während im Herbst 1912 die italienische Kriegsflotte erfolgreich vor den Küstenregionen des Osmanischen Reiches operierte, formierte sich an der Nordgrenze eine neue, größere Bedrohung. Die Schwäche der Türkei hatte weitere Begehrlichkeiten geweckt: Am 8. Oktober erklärte Montenegro eigenmächtig der Türkei den Krieg, bis zum 17. folgten Bulgarien, Griechenland und Serbien.[87] Entschlossen griff der Balkanbund die Türkei an, ohne jedoch Konstantinopel zu erreichen. Nun war Russland bereit, einzugreifen und damit Österreich mit in den Krieg zu ziehen. Nur die Bemühungen Deutschlands und Englands konnte diese Eskalation verhindern. In der Reichstagssitzung vom 2. Dezember 1912 erläuterte Reichskanzler Theobald von Bethmann Hollweg (1856–1921): *»Als wir* *den Kampf als unvermeidlich ansahen, haben wir vor allem darauf hingewirkt, ihn zu lokalisieren.«*[88] Seine Bündniszusicherung wurde von der britischen Regierung als bedrohlich eingestuft und veranlasste Lordkanzler Haldane, den deutschen Botschafter Karl Max Fürst von Lichnowsky ausdrücklich zu warnen: Großbritannien werde bei einem Einmarsch Österreich-Ungarns in Serbien kaum der »stille Zuschauer« bleiben können, man könne zudem keinesfalls eine neuerliche Niederwerfung Frankreichs dulden, falls Deutschland im Zusammenhang mit einem russisch-österreichischen Konflikt Frankreich angreifen würde.

Ab 3. Dezember 1912 schwiegen die Waffen auf dem Balkan, und es begannen schwierige Friedensverhandlungen. Für das mazedonische Gebiet zeichneten Bulgarien, Griechenland und Serbien als Teilungsmächte. Diese Teilung ist bis heute umstritten. Auch die Friedensverträge der nachfolgenden beiden Weltkriege revidierten das Ergebnis nicht. In einem Geheimtelegramm schrieb der russische Botschafter in London, Graf Alexander Benckendorff, Außenminister Sasonow, Bethmann Hollweg habe dem Bruder Paul Cambons privat mitgeteilt, *»die Vermehrung der deutschen Armee habe keine aggressive Tendenz, sei aber dadurch notwendig geworden, daß das plötzliche Entstehen von sehr bedeutenden Militärstaaten auf dem Balkan dazu geführt habe, daß Österreich, vom Bündnisstandpunkte aus, nicht mehr als derselbe wichtige Faktor wie bisher betrachtet werden könnte«*[89].

In dieser gespannten Atmosphäre gab Botschafter Lichnowsky am 4. März 1913 ein Dinner in London. Gäste waren neben der britischen Königin u. a. Henry van de Velde, Edvard Munch, Aristide Maillol und Harry Graf Kessler, der die Kernaussagen der Gespräche in seinem Tagebuch festhielt. Allgemein ging man davon aus, dass keine Kriegsgefahr bestehe: *»Die europäische Lage habe sich seit anderthalb Jahren vollkommen gedreht. Die Russen und Franzosen seien gezwungen, friedlich zu sein, da sie auf die Unterstützung Englands nicht mehr rechnen können.«*[90] Aus Wien berichtete der deutsche Botschafter Heinrich von Tschirschky, der französische Außenminister Charles Jonnart dringe in St. Petersburg darauf, *»daß Rußland entsprechend* *der seinerzeit Anfang der 90er Jahre abgeschlossenen Militärkonvention seine Truppen an die deutsche und österreichische Grenze wieder vorschiebe«*, während *»an der französischen Ostgrenze mit Hochdruck militärisch gearbeitet werde. Herr Poincaré schüre nach Kräften das chauvinistische Feuer«*[91]. Diese Einschätzung wurde am 20. März durch die Berufung des ultranationalen Théophile Delcassé – ehemals umstrittener Außenminister während der Marokkokrise – als Botschafter für St. Petersburg bestätigt. In seinem Beglaubigungsschreiben an den Zaren verwies Poincaré darauf, dass Delcassé in der Balkankrise über alle Einzelheiten informiert sei und mehr als irgendein anderer im Einvernehmen mit Sasonow stehe. Dieser war schon vorab vom serbischen Militärattaché in Paris über Auftrag und Qualitäten Delcassés aufgeklärt worden: Er solle die russische Militärverwaltung von der Notwendigkeit überzeugen, dass die Anzahl der strategischen Wege zu vermehren sei, *»um dadurch das Zusammenziehen unserer Armee an der Westgrenze zu beschleunigen«*[92]. Auch sei Delcassé bevollmächtigt, Russland hierzu alle erforderlichen Geldmittel in Form von entsprechenden Eisenbahnanleihen anzubieten. In diesem Sinne lenkte Poincaré die Aufmerksamkeit des Zaren auf den Nutzen, *»den nach Ansicht unserer Generalstäbe die Beschleunigung des Baues gewisser Eisenbahnen an der Westgrenze des Reiches bringen würde«*[93].

Auf der Friedenskonferenz nur wenige Tage später in London wurde die Türkei gezwungen, auf alle Balkanbesitzungen westlich der Linie von Enos am Ägäischen Meer bis Midia am Schwarzen Meer zu verzichten. Strittig blieb indes die Verteilung an die Siegerstaaten. Während Griechenland und Bulgarien Ansprüche auf Mazedonien geltend machten, forderten Serbien und Montenegro mit Unterstützung Russlands für sich die adriatischen Küstengebiete. Österreich und Italien traten jedoch erfolgreich für ein selbstständiges Albanien ein, um Serbien von der Adria fernzuhalten.[94] Vergebens versuchte Serbien mit Unterstützung Russlands, wenigstens bei Skutari einen Adriazugang zu erhalten. Dadurch gerieten die russische und österreichische Balkanpolitik direkt aneinander.[95] Serbiens Expansionsstreben machte Bulgarien nervös. In einem Telegramm vom 8. Juni 1913 an den König von Bulgarien drückte der Zar seine Sorge aus,

»dass die Balkanstaaten sich anscheinend auf einen Bruderkrieg vorbereiten, der geeignet ist, den Ruhm, den sie gemeinsam erworben haben, zu trüben«[96]. Er verwies auf den Bündnisvertrag, durch den das bulgarische und das serbische Volk die Entscheidung jeder Meinungsverschiedenheit Russland übertragen hätten. Doch selbst das Eingreifen des Zaren konnte den Krieg zwischen Serbien und Bulgarien nicht mehr verhindern. Bis heute gibt es wegen des Kriegseintritts Rumäniens noch Animositäten zwischen Bulgaren und Rumänen. Derartige »Feindschaften« sind auf dem Balkan durch die vielen Kriegsverbrechen jedoch nicht ungewöhnlich.[97] Neben Bulgarien war auch Russland Verlierer, da der unter seinem Patronat so mühselig zustande gekommene Balkanbund geplatzt war. Warum hatte Russland die Chance, es auf einen europäischen Konflikt ankommen zu lassen und aus diesem siegreich hervorzugehen, nicht genutzt?

»La Guerre qui vient« – »Der kommende Krieg« – heißt ein im Mai 1911 in Paris erschienenes Büchlein von Francis Delaisi.[98] Schon auf der ersten Seite schreibt er, dass es seitens des deutschen Proletariats kein Verlangen gab, sich auf das französische Volk zu stürzen. Auch die einfachen Menschen in England wünschten, in Ruhe auf dem Feld bzw. in ihren Werkstätten zu arbeiten. Daran würde auch der republikanische Aufbau nichts ändern. Dank der nichtssagenden und häufig den Blick verstellenden unbestimmten diplomatischen Floskeln von der Erhaltung des europäischen Gleichgewichts würden weder die Völker noch die Parlamente etwas Konkretes erfahren. Delaisi fürchtete, dass allein durch ein paar wenige Menschen die Völker in die schwersten Konflikte gebracht und in Kriege verwickelt würden, und verwies auf die Machenschaften Théophile Delcassés in den Jahren 1904 und 1905. Mit großer Sorge registrierte er denn auch 1911 dessen Rückkehr als Marineminister unter Jean Cruppi. Cruppi sei nur ein Strohmann, Delcassé habe nun leichtes Spiel, eine Frankreich an England bindende Militärkonvention abzuschließen. Es sei nun an der Zeit, *»die Augen zu öffnen und mit kühlem Blick die politische Lage in Europa zu betrachten, um die gefährliche Intrige zu erkennen, in die uns unsere Finanzhäuptlinge verwickeln wollen«*[99]. Und tatsächlich besetzte Delcassé bald wieder eine Schlüsselposition: Im Anschluss an seinen Posten als Botschafter am Zarenhof wurde er am 26. August 1914 erneut französischer Außenminister. Er sorgte dafür, dass Italien in den Krieg eintrat, musste aber wegen seiner allzu prorussischen Haltung am 13. Oktober 1915 seinen Abschied nehmen.

Am russischen Hof war 1912 die Idee eines Kontinentalbundes gegen England in die Defensive geraten. General Wladimir Alexandrowitsch Suchomlinow (1848 – 1926) – von 1909 bis 1915 russischer Kriegsminister – entwickelte mit der Rückendeckung beinahe aller zum Kriege drängenden Kreise fieberhafte Aktivitäten. Den fundamentalistisch-nationalen Gruppierungen hatten sich auch Demokraten und Liberale angeschlossen. Sie hofften durch ein Bündnis mit den Demokratien England und Frankreich auf eine parlamentarische Verfassung. Selbst Sozialisten, Bolschewisten und Anarchisten standen dem kommenden Krieg positiv gegenüber. Nach der zu erwartenden Niederlage sahen sie die Chance – so wie 1905 nach dem verlorenen Russisch-Japanischen Krieg – für eine erneute und diesmal erfolgreiche Revolution. Dem französischen Botschafter am Zarenhof, Maurice Paléologue, zufolge war Suchomlinow nur Erfüllungsgehilfe des machthungrigen, zum Okkultismus neigenden Großfürsten Nikolai Nikolajewitsch. Der Enkel von Zar Nikolaus I. war nur zwölf Jahre älter als sein Großneffe Nikolaus II. und seit 1905 Befehlshaber über den Bezirk St. Petersburg.

Der Erste Weltkrieg: Milners zweiter Krieg

Nachdem man sich im Dezember 1913 darauf geeinigt hatte, den deutschen Prinzen Wilhelm zu Wied zum regierenden Fürsten des neu geschaffenen Staates Albanien zu ernennen, schien die Gefahr eines weiteren Krieges auf dem Balkan gebannt. Und so blickten die Völker Europas Anfang 1914 hoffnungsvoll in die Zukunft. Man vertraute den Sicherungsmechanismen der Diplomatie, die ja bereits bei zwei Balkankriegen funktioniert hatten. Kaum jemand ahnte, dass eine Handvoll Kriegstreiber und Profiteure unbemerkt von der Öffentlichkeit und hinter dem Rücken der Regierungen – weder der russische Zar noch das Kabinett von Campbell-Bannerman wollte es auf einen Krieg ankommen lassen – oder durch Verleumdung und Sturz des Premiers wie in Frankreich seit Jahren auf einen Krieg gegen Deutschland hinarbeitete.

Während im Februar zwischen Großbritannien und Belgien bereits der Wechselkurs für die britischen Soldaten festgelegt wurde, die in Belgien kämpfen würden, verlegte der russische Generalstab ein sibirisches Korps in die Nähe der deutschen Grenze. Der montenegrinische König Nikolaus umwarb König Peter von Serbien mit dem Ziel einer militärischen, finanziellen und diplomatischen Zusammenarbeit.[100] Im März begann Kriegsminister Suchomlinow mit Probemobilmachungen und tönte am 13. März sowie am 13. Juni 1914, Russland sei *»zum Kriege bereit«* und dürfe *»dasselbe auch von Frankreich fordern«*[101]. Nicht zuletzt erklärte Außenminister Grey am 28. März in einem Zeitungsinterview: *»In ein paar Wochen wird der Weltkrieg ausbrechen. Für England bedeutet er einen erwünschten Ausweg aus den inneren Schwierigkeiten.«*[102] Die heimlichen Vorbereitungen waren offenbar so weit gediehen, dass ein Funke genügte, um das Pulverfass hochgehen zu lassen. Die Problemfelder Serbien, Polen, Elsass-Lothringen und Türkei gaben genug Zunder, und auch der globale Kampf um Wirtschaftsräume verschärfte sich. Colonel House, die Graue Eminenz der USA, brachte die Situation am 29. Mai auf den Punkt: *»… das wird eines Tages noch zur Katastrophe kommen … da gibt es zu viel Hass,* *zu viele Eifersüchteleien. Sobald England einverstanden ist, werden Frankreich und Russland Deutschland und Österreich in die Zange nehmen.«*[103]

Eine willkommene Provokation lieferten serbische Nationalisten. Dass das kriegsauslösende Attentat auf den österreichischen Thronfolger Franz Ferdinand, der einen Ausgleich mit den Slawen im Habsburgerreich anstrebte, vom serbischen Geheimdienst geplant war, gilt inzwischen als sicher. Eine Beteiligung von Ministerpräsident Pašić dagegen wird vehement abgestritten, doch ist sie bewiesen durch einen Handzettel von Anfang Juni 1914, auf dem Pašić die Anweisung ausstellt, drei Oberrealschülern Bomben und Pistolen auszuhändigen.

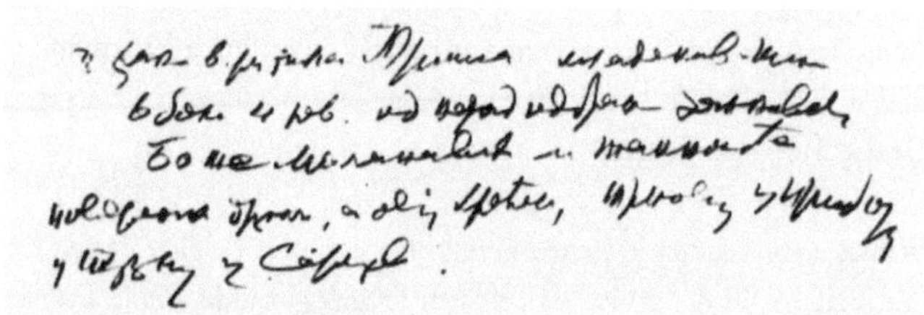

Offizieller Übersetzungstext der Pašić-Anweisung: »2 Schüler des Ober-Realgymnasiums Triša des Mladen … 6 Bomben, 4 Revolver von der Narodna Odbrana dem Janković dem Boda Milanović und dem Tankosić, Vertrauensmann des zweiten, und dieser des dritten, in Trnovo, in Priboj, in Tuzla, in Sarajevo«

1917 ließ Pašić den Geheimdienstchef Oberst Iwan Dimitrijewitsch, genannt Apis, und dessen engste Mitarbeiter im berüchtigten Salonikiprozess wegen eines angeblichen Anschlags auf den serbischen Prinzen Alexander zum Tode verurteilen und hinrichten. Der Prozess wurde auf Anweisung des jugoslawische Staatschefs Marschall Tito 1953 noch einmal aufgerollt; dabei wurde nachgewiesen, dass es den Anschlag nie gegeben hat und die Zeugenaussagen erpresst worden waren – Pašić hat sich also auf diese Weise seiner Mitwisser entledigt.[104]

Die Befehlskette für den Mord an Erzherzog Franz Ferdinand und seiner Frau Sophie – einer Slawin – am 28. Juni 1914 reicht von den serbischen Verschwörern zurück zum russischen Botschafter in Belgrad, zum russischen

Außenministerium und schließlich bis zur Geheimen Elite in London.[105] Dass Österreich nach der Tat die serbische Regierung aufforderte, gegen die Attentäter vorzugehen, war sicher berechtigt. Doch die Forderung, an den Ermittlungen beteiligt zu werden, wurde als nicht hinnehmbarer Angriff auf die serbische Souveränität gewertet und nach Rücksprache mit St. Petersburg entschieden abgelehnt. Russland sprach Serbien seine uneingeschränkte Unterstützung aus – und damit war aus einem regionalen Konflikt ein veritabler Kriegsgrund geworden. Am 28. Juli – genau 30 Tage nach dem Attentat, wobei die Ermittlungsergebnisse direkt nach Belgrad wiesen – erklärte Österreich-Ungarn Serbien den Krieg. Ohne jeglichen Beweis hingegen und ohne Kriegserklärung griffen die USA nur 27 Tage nach dem 11. September 2001 Afghanistan an!

Im Zusammenhang mit der Julikrise ist der außergewöhnlich umfangreiche Staatsbesuch von Präsident Poincaré in St. Petersburg, begleitet vom untergebenen Ministerpräsident und Außenminister René Viviani, vom 20. bis zum 23. Juli 1914 bemerkenswert. Die Reise, vor der Jean Jaurès in der Parlamentsdebatte um die Bewilligung des dafür notwendigen Kredits am 7. Juli eindringlich gewarnt hatte, muss in der angespannten Situation als deutliches Signal der kriegsbefürwortenden Kreise in ganz Europa gesehen werden. Am 30. Juli – ein Tag vor seiner Ermordung durch einen Nationalisten – sprach Jaurès die Kriegstreiberei offen an: *»... hier in Frankreich arbeiten wir mit allen Gewaltmitteln für einen Krieg, der ausgefochten werden muß, um ekelhafte Begierden zu befriedigen, und weil die Pariser und Londoner Börsen in Petersburg spekuliert haben... Es liegt in der Macht der französischen Regierung, Rußland am Kriege zu hindern, aber man sucht den Krieg, den man schon lange schürt.«*[106] Einige Tage zuvor hatte sich der Erzbischof von New York, Kardinal John Murphy Farley – wahrlich kein Sozialist –, auf dem Eucharistischen Weltkongress zu den Vorgängen auf dem Balkan noch deutlicher geäußert: *»Der Krieg, der in Vorbereitung ist, wird ein Kampf zwischen dem internationalen Kapital und den regierenden Dynastien sein. Das Kapital wünscht niemanden über sich zu haben, kennt keinen Gott oder Herrn und möchte alle Staaten als großes Bankgeschäft regieren lassen. Ihr Gewinn soll zur alleinigen Richtschnur der*

Regierenden werden… Business… einzig und allein.«[107] Farley repräsentiert hier nicht den Vatikan, der seine Politik schon im Frühjahr 1888 an höchst weltlichen Machtinteressen ausgerichtet hatte: *»Er ändert den Kurs seiner Politik, beteiligt sich an der Politik der Anfangsphase der Einkreisung Deutschlands und stellt sich, in Erwartung eines europäischen Krieges, auf die deutschfeindliche Koalition ein mit dem Hauptziel, die weltliche Macht des Papstes wiederherzustellen.«*[108] Zudem war am 24. Juni 1914 ein Konkordat zwischen dem Königreich Serbien und dem Heiligen Stuhl geschlossen worden. Durch die Aufhebung des Spannungspotenzials zwischen Papst und Orthodoxie wurde es so möglich, dass Italien ab Pfingsten 1915 gemeinsam mit Russland gegen das katholische Habsburgerreich kämpfte.

Am 30. Juli 1914 begann Russland mit Unterstützung aus London und Paris ohne Kriegserklärung mit dem Aufmarsch seiner gewaltigen Heere an der deutschen Ostgrenze. Deutschland sah sich der Gefahr einer Invasion ausgesetzt. Gleichzeitig begannen die Franzosen mit der Mobilmachung. Wilhelm II. versuchte vergeblich, auf seinen Vetter, den Zaren, einzuwirken, dass dieser seine Streitmacht zurückrief, doch Nikolaus II. war längst fest in der Triple Entente verankert und verließ sich auf seine Bundesgenossen. Am 31. Juli telegrafierte Botschafter Iswolski aus Paris nach St. Petersburg: *»Frankreichs Kriegsminister, in herzlicher und bester Laune, informierte mich, dass die Regierung sich verbindlich zum Krieg entschieden habe. Er bat mich, der Hoffnung des französischen Generalstabs Ausdruck zu verleihen, dass alle Bemühungen gegen Deutschland gerichtet sein werden…«*[109] Fast 24 Stunden bevor Deutschland die Generalmobilmachung verkündete und Russland den Krieg erklärte, hatte sich Frankreichs Regierung also schon *»verbindlich zum Krieg entschieden«!* General Joseph Joffre drängte Poincaré zur Mobilmachung, was der sich nicht zweimal sagen ließ. Um 16 Uhr gingen aus Paris die entsprechenden Telegramme ab. Auch Serbien, Österreich und Großbritannien richteten ihr Militär auf Krieg ein – Churchill hatte die britische Flotte bereits am 29. Juli heimlich nach Scapa Flow auf Gefechtsstation geschickt. Am 31. Juli brauchte der deutsche Botschafter in St. Petersburg, Friedrich Pourtalès (1852–1928), nur aus dem Fenster zu schauen: Dort war über Nacht der Mobilmachungsbefehl für die russische Armee und Flotte angeschlagen worden. Nun setzte ein lebhafter Telegrammverkehr zwischen dem Kaiser und dem Zaren ein.

Einzig das Deutsche Reich hatte noch nichts unternommen.[110] Reichskanzler Bethmann Hollweg und Außenminister Gottlieb von Jagow berichteten am Nachmittag des 1. August dem Kabinett, laut dem deutschen Botschafter in London habe die britische Regierung soeben versprochen, dass Frankreich im Rahmen einer britischen Garantie neutral bleibe. Das nahm der Kaiser erleichtert auf und telegrafierte sofort an George VI.: *»Wenn Frankreich mir seine Neutralität anbietet, die durch die britische Flotte und Armee garantiert werden muss, werde ich natürlich von einem Angriff auf Frankreich absehen.«*[111] Der König bat Außenminister Grey am Abend um Hilfe bei der Antwort und schrieb dann zurück: *»... glaube ich, dass ein Missverständnis vorliegen muss hinsichtlich einer Anregung, die in einer freundschaftlichen Unterredung zwischen Fürst Lichnowsky und Sir Edward Grey diesen Nachmittag erfolgt ist...«*[112] Hat hier der Angler Grey, Autor des Buches »Fly Fishing«, seinen Köder im trüben Wasser platziert?

Zusätzlich zu dieser Irritation über die Haltung Englands hatte der Kaiser über 24 Stunden vergeblich auf eine Antwort auf seine telegrafische Forderung gewartet, Russland solle sämtliche Truppenbewegungen entlang der Grenze einstellen. Außerdem wurde Botschafter Pourtalès bei Sasonow vorstellig und fragte ihn dreimal, ob die russische Regierung die Mobilmachung abbrechen werde, was Sasonow ablehnte. In der Gewissheit, dass dies den Krieg bedeutete, überreichte Pourtalès ihm die Kriegserklärung und brach in Tränen aus.[113] Was für eine schicksalhafte Entwicklung! Obwohl Deutschland die Unabwendbarkeit des Krieges so spät akzeptierte und erst im letztmöglichen Moment seine Streitkräfte mobilisierte, stand es fortan als das Land da, welches den Ersten Weltkrieg begonnen hatte, da es den Fehler machte, den Krieg als Erstes zu erklären, der ja doch mehr oder weniger inoffiziell bereits im Gange war. Was keiner weiß: Sasonow war angewiesen worden, keine Kriegserklärung abzugeben. Und Grey hatte Poincaré und Sasonow eingebläut, dass Frankreich und Russland ihre militärischen Vorbereitungen vertuschen sollten, bis Deutschland den Köder geschluckt hatte. Denn er wusste, dass sich das britische Volk in einem europäischen Krieg niemals auf die Seite des Aggressors gestellt hätte, deshalb musste Deutschland unbedingt als die Partei dastehen, von der die Gewalt ausging.

Das Kaiserreich war solcherart zu einer Auseinandersetzung auf Leben und Tod provoziert worden, seine Kriegserklärung war letztlich nichts anderes als reine Verteidigung gegen die Großmächte. In die Ecke gedrängt, rief Kaiser Wilhelm II. nun also die Truppen zu den Waffen und befahl, durch Belgien auf Frankreich vorzustoßen, um sich der Franzosen zu erwehren, die ja bereits mobilgemacht hatten. Eine Alternative gab es nicht. In Kontinentaleuropa brach der Krieg offen aus, Milners Secret Society hatte damit ihr Ziel erreicht, nun mussten die Verschwörer nur noch abwarten, bis Deutschland vernichtend geschlagen werden konnte. Seit 1905 war der Krieg gegen Deutschland vorbereitet worden, aber das Ganze lief dermaßen geheim ab, dass im britischen Kabinett gerade einmal fünf von 20 Ministern wussten, welche Zusagen man gegeben hatte.

Am 3. August 1914 versicherte Sir Edward Grey dem Unterhaus, dass man ohne die Zustimmung des Parlaments nichts unternehmen werde – doch es kam nie zur Abstimmung. England erklärte am nächsten Tag Deutschland den Krieg, denn das Kaiserreich habe, so Grey, die belgische Neutralität verletzt, die, und das wusste er sehr wohl, nichts als eine Scharade war und einzig als Vorwand diente, um in den Krieg eintreten zu können: Er wusste ganz genau, dass sich Belgien an der Seite von Großbritannien, Frankreich und Russland gegen Deutschland stellen würde. So war es seit Langem arrangiert. Grey log das Empire in den Krieg. Seit mehr als einhundert Jahren werden die Fakten von den Hofgeschichtsschreibern verdreht und gefälscht. Die Mitglieder der Milner-Gruppe achteten sorgfältig darauf, alle Spuren zu verwischen: Briefe, Telegramme, offizielle Berichte und Notizen, die die Wahrheit hätten verraten können, wurden verbrannt oder anderweitig zerstört. Auch König Edward hatte verfügt, dass belastende Schreiben nach seinem Ableben zu vernichten seien.[114] Dasselbe ordnete Lord Nathan Rothschild, Gründungsmitglied der Secret Society, an. Er wollte nicht, dass sein Einfluss und seine Verbindungen bekannt wurden.[115]

Kein Zweifel: Eine kleine Gruppe kontrollierte und monopolisierte die zeitgenössische Geschichtsschreibung und -lehre, und zwar über zahlreiche Kanäle.[116] Nirgendwo aber war die Geheime Elite so effektiv wie in Oxford. Fast jedes wichtige Mitglied gehörte einem der Colleges Balliol, New College oder All Souls an, welche auf dem Gebiet der Geschichtswissenschaften führend waren. Sogar die Einträge im »Dictionary of National Biography« wurden von der Geheimen Elite diktiert, die Mitglieder schrieben hier sozusagen ihre eigenen Biografien und damit ihre offizielle Historie, bei der alle belastenden Punkte unter den Tisch fielen und den Personen ein großes Maß an Gemeinsinn zugeschrieben wurde. Zudem gründeten sie Lehrstühle: Geschichte, Politik, Wirtschaftswissenschaften – ja sogar Friedensforschung![117] Auch die britische Regierung beseitigte alle Spuren des Komplotts: Offizielle Erinnerungen an die Ursprünge des Krieges wurden vor der Veröffentlichung zensiert. In den Kabinettsunterlagen für Juli 1914 geht es nahezu ausschließlich um Irland, nirgendwo ist die Rede von einer bevorstehenden globalen Krise. Für das Fehlen der entscheidenden Unterlagen gibt es nicht einmal den Versuch einer Erklärung.

Da es in den hektischen ersten Kriegstagen wegen der zwei Fronten für Deutschland nur die Option des von Moltke modifizierten Schlieffen-Plans gab, durfte Belgien auf keinen Fall den deutschen Truppen den Durchmarsch erlauben. So schickte Grey den Belgiern unverzüglich zwei Telegramme, in denen er sie aufforderte, sich zu verteidigen. Die Regierung seiner Majestät erwarte, dass die belgische Regierung *»mit allen ihr zu Gebote stehenden Mitteln Widerstand leisten wird …«*[118] Für Deutschland war nun entscheidend, dass Lüttich im Handstreich genommen wurde, und das von unvorbereiteten Truppen.[119] Frankreich konnte Großbritannien die Achtung der belgischen Neutralität ohne Weiteres zusichern, denn sein Kriegsplan wurde dadurch nicht beeinträchtigt – man hatte die ursprünglich defensive Kriegsplanung im Zuge der Annäherung an England und Russland ab 1909 längst offensiv ausgerichtet, da man sich der Unterstützung Englands, welches die Meeresgrenzen sichern und ein Expeditionskorps auf den Kontinent schicken würde, sicher war. Zudem durfte es an der deutschen Nord- und Ostgrenze auf Russlands starke Heere bauen.

Der von General Ferdinand Foch 1911 konzipierte Offensivplan XVII sah die Versammlung der französischen Hauptstreitkräfte in der bis zur Uneinnehmbarkeit befestigten Linie Belfort-Verdun vor. Die linke Flanke glaubte Foch durch Belgien, die englischen Hilfstruppen sowie seine Reservearmeen genügend gesichert. Der linke Heeresflügel sollte aus der Linie Verdun-Mezières heraus dem von Metz aus erwarteten deutschen Angriff offensiv entgegentreten und der rechte zwischen den Vogesen und Metz durchbrechen und vom Oberrhein in das Herz des Deutschen Reiches vorstoßen.[120] Foch verlangte für die Umsetzung dieses anspruchsvollen Plans ein energisches, rücksichtsloses Vorgehen und wollte damit bei den Soldaten einen heroischen Kampfgeist bewirken gemäß der Militärdoktrin »Offensive bis zum Äußersten«. Damit war sein Plan ebenso wie der Schlieffen-Plan »auf Kante genäht«, er orientierte sich an der geo- und militärpolitischen Lage. Fochs Nachfolger Joseph Joffre übernahm Plan XVII 1911 und entwickelte ihn weiter.

Nach der Kriegserklärung Großbritanniens am 4. August um 23.30 Uhr wurde bereits in der Morgendämmerung das deutsche Atlantikkabel vor Emden gekappt und ein Teil herausgeschnitten. Damit war die deutsche Regierung zur Nachrichtenübermittlung auf eine Kabelverbindung der US-Botschaft in Berlin angewiesen, die über eine Relaisstation in England verlief und dort vom britischen Nachrichtendienst abgehört wurde.[121] Am 19. August 1914 erklärten die USA ihre Neutralität. Und einen Tag später löste Großbritannien – ohne jegliche Kritik der USA – die seit 1908 geplante völkerrechtswidrige Blockade gegen Deutschland aus. Hier ging es ausschließlich darum, dem Gegner kriegswichtige Ressourcen vorzuenthalten.[122] Für das Deutsche Reich kam die Blockade überraschend. Man brauchte fast sechs Monate bis zu einer Reaktion, die erst am 4. Februar 1915 mit dem Einsatz von U-Booten erfolgte, von denen zunächst nur wenige einsatzbereit waren.

In Deutschland sahen nicht nur konservative Kreise im Verhalten der Entente-Mächte einen aggressiven Akt. In der sozialdemokratischen Parteizeitung *Vorwärts* war am 31. Juli 1914 mit Bezug auf die russische Mobilmachung zu lesen, die Zarenregierung treibe *»ein frevelhaftes und verbrecherisches Spiel mit dem Frieden und dem Schicksal der europäischen*

Zwei Farblithographien von Louis Oppenheim mit vielsagenden Vergleichen (veröffentlicht um 1916)

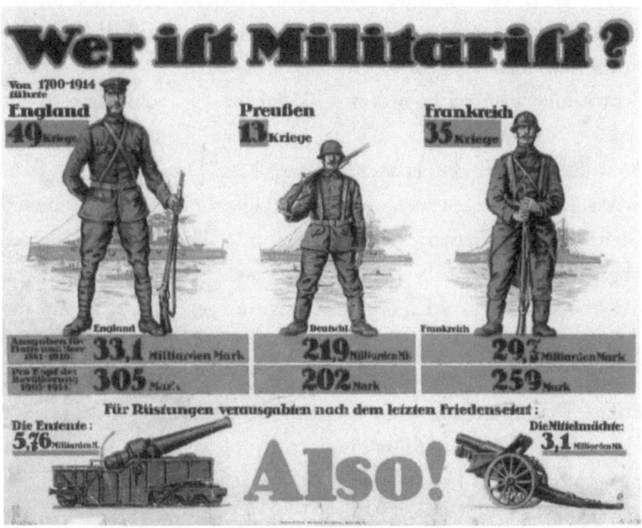

Kultur«. Und die jüdischen Zeitungen riefen zur Solidarität mit dem Deutschen Reich auf, das für viele Leser längst zur Heimat geworden war. So heißt es z. B. im Artikel »Der heilige Krieg« von Margarethe Marasse in der *Allgemeinen Zeitung des Judentums* vom 4. September 1914: *»Mit einem starken Glücksgefühl, mit leuchtenden Augen sind im Augenblick einer nationalen Erhebung auch diejenigen zu den Fahnen geeilt, die sich im deutschen Vaterlande zur mosaischen Religion bekennen.«*

In den beiden Karikaturen auf Seite 65 verglich Louis Oppenheim die Militär- und Bildungsausgaben der europäischen Großmächte und reagierte damit auf die Propaganda, die die Deutschen als kriegslüsterne Barbaren hinstellte: Es zeigt sich deutlich, dass Deutschland bei der Rüstung ganz unten und bei der Bildung ganz oben stand.

Während des deutschen Vormarsches in Frankreich erstellte Reichskanzler Bethmann Hollweg für den internen Kreis der Reichsregierung am 9. September 1914 eine *»vorläufige Aufzeichnung über die Richtlinien unserer Politik beim Friedensschluß«.*[123] Dieses sogenannte Septemberprogramm listete in Erwartung eines Siegs die deutschen Forderungen für Friedensverhandlungen auf. Grundlage war die *»Sicherung des Deutschen Reichs nach West und Ost auf erdenkliche Zeit«*[124], was vor allem eine Schwächung Frankreichs bedeutete. Dafür war ein hoher Kriegstribut geplant, um Frankreichs Rüstung auf lange Zeit einzuschränken. Außerdem sollten die Franzosen Gebiete an Deutschland abtreten, neben dem Erzbecken Longwy-Briey vor allem militärisch bedeutsame Grenzgebiete in Frankreich und Belgien, u. a. Belfort sowie Teile der Vogesen und der Kanalküste. Luxemburg sollte ganz an das Deutsche Reich angegliedert, Belgien ein Vasallenstaat werden. Im Osten sollte die deutsche Vorherrschaft durch die Bildung von Satellitenstaaten auf Kosten Russlands ausgebaut werden, doch gab es dafür noch keine genaueren Pläne. Die Gründung einer Wirtschaftsunion sollte Deutschlands Hegemonialstellung in Mitteleuropa auch wirtschaftlich sichern und zugleich Österreich-Ungarn einbinden, um auf dem Balkan den Status quo zu erhalten.

Nachdem jedoch der deutsche Vormarsch durch die Marne-Schlacht aufgehalten worden war und der Stellungskrieg begann, war die Verwirklichung des Septemberprogramms höchst unwahrscheinlich geworden.[125] Wohlgemerkt: Dieser Plan ist erst nach Kriegsausbruch entstanden. Im Gegensatz zum fest verankerten Narrativ der Siegermächte, das Deutschland imperialistische Ziele und Machthunger unterstellt, betrieben gerade die Entente-Mächte ein imperialistisches Ränkespiel, das Österreich und das kaum vorbereitete Deutsche Reich zur Kriegserklärung trieb. Oswald Spengler sah in der Kriegserklärung Österreichs an Serbien einen *»diplomatischen Akt im spanischen Kabinettstil des 16. Jahrhunderts, während England mit den taktisch überlegenen diplomatischen Mitteln des 19. Jahrhunderts den Weltkrieg in dieser Form nicht erklärte, sondern erzwang«*[126].

Anfang der 1970er-Jahre schrieb der kanadische Historiker Nicholas D'Ombrain, die Akten des Kriegsministeriums seien *»ausgemistet«* worden: Bis zu fünf Sechstel allen *»heiklen«* Materials verschwand, während er seine Forschungsarbeit betrieb.[127] *»Wohin verschwanden diese Unterlagen? ... Wurden sie nach Hanslope Park geschickt, in das von einem Stacheldrahtzaun gesäumte staatliche Lager, in dem bis heute mehr als 1,2 Millionen geheimer Akten lagern, von denen viele mit dem Ersten Weltkrieg zu tun haben?«*, fragen die schottischen Autoren Gerry Doherty und Jim MacGregor.[128] Das wäre durchaus plausibel, denn Hanslope Park befindet sich in der Nähe der ehemaligen Militärdienststelle Bletchley Park.

Die Dokumente aus Deutschland wurden sofort und ohne Umschweife einkassiert – man brauchte nur den Nachkriegskanzler des hungernden Verliererstaates, Friedrich Ebert, unter Druck zu setzen, und 15 Wagenladungen Papiere inklusive der Geheimprotokolle der Obersten Heeresleitung verschwanden.[129] Da hätte es doch ein Leichtes sein müssen, die Kriegsschuld Deutschlands zu beweisen – stattdessen legt die Tatsache, dass das Verschwinden und Geheimhalten der Dokumente von kaum einem Historiker erwähnt wird, die Vermutung nahe, dass hier eine ganz andere Schuld vertuscht werden soll.

1916: A very british Coup

Premier Asquith war zwar von Milners Umfeld extra zur Verwirklichung der Kriegspläne als Regierungschef installiert worden und hatte das Land auch zuverlässig in den Krieg geführt, doch das war noch keine Garantie dafür, dass Großbritannien bei der Stange blieb. Aus Protest gegen die Kriegserklärung an Deutschland waren damals mehrere liberale Minister zurückgetreten, und nun, Anfang Dezember 1916, wurde überall die Forderung nach Frieden laut. Nach zwei Jahren und vier Monaten Krieg war das Land erschöpft und durch die »Munitionskrise«, die katastrophale Niederlage in Gallipoli, den Osteraufstand 1916 in Irland und die gescheiterte Schlacht an der Somme stark erschüttert. Asquith, dessen Sohn im August 1916 gefallen war, schien zögerlich. Auch in Frankreich und Russland ertönte der Ruf nach Frieden. Bei einem Friedensschluss zu diesem Zeitpunkt aber wären die Mittelmächte viel zu gut weggekommen, und das Ziel der Milner-Gruppe, die Vernichtung Deutschlands und Österreichs, wäre gefährdet gewesen.

Ende September hatte Kriegsminister Lloyd George gegenüber einem Vertreter der United Press of America die jüngsten Friedensgerüchte in der üblichen Verdrehung der Tatsachen kommentiert: *»Deutschland hat seine Entscheidung getroffen, daß es mit England kämpfen will, bis einem von den beiden der Rest (Finish) gegeben wird.«*[130] Dabei hatte England doch Deutschland den Krieg erklärt! *»Der Kampf wird fortdauern bis zur kompletten Niederlage.«*[131] Auf die Frage des Korrespondenten *»Und Rußland?«* antwortete Lloyd George: *»Rußland wird bis zum Tode kämpfen. Rußland war langsam zu erwecken, aber es wird ebenso langsam in der Beruhigung seines Gefühls gegen die sein, die es zu diesem schweren Krieg gezwungen haben, und es wird nichts vergessen.«*[132] Das war ganz im Sinn Lord Milners, der seinen »Kindergarten« mit Pöstchen versorgte und ihnen mithilfe der 1909 gegründeten »Round Table Group«, einem weiteren konspirativen Kreis aus Reichen und Prominenten, beste Karrierechancen eröffnete. Philipp Kerr, der spätere Lord Lothian, war z. B. Round-Table-Mitglied.

In den Augen Milners führten Asquith und Grey den Krieg nicht effizient genug – für den totalen Vernichtungskrieg musste eine neue Regierung her.

So forderten der Liberale Lloyd George und der konservative Parteiführer Bonar Law Anfang Dezember 1916 die Bildung eines dreiköpfigen Komitees, dessen Vorsitz Lloyd George übernehmen und in dem Asquith nicht vertreten sein sollte. Asquith sagte zunächst widerstrebend zu, zog die Zustimmung aber nach zwei Tagen wieder zurück, worauf Lloyd George seinen Rücktritt einreichte. Das wiederum hatte den Sturz der Regierung von Asquith zur Folge, welcher sich weigerte, den Konservativen Bonar Law oder Arthur Balfour, die vom König als Nachfolger vorgeschlagen wurden, unterstellt zu sein. Also wurde Lloyd George am 6. Dezember mit der Regierungsbildung beauftragt. Da er unabhängig von der Geheimen Elite um Milner agierte, umgab man ihn sicherheitshalber mit einem vierköpfigen Kriegskabinett, bestehend aus den Tories Lord Curzon und Andrew B. Law sowie Arthur Henderson – Führer der Labour-Partei und absoluter Kriegsbefürworter – sowie Alfred Milner selbst. Der ehemalige Gouverneur der Kapkolonie saß nun also im Kriegskabinett als »Minister ohne Geschäftsbereich« und zog im Hintergrund die Strippen. Er führte Philipp Kerr als Lloyd Georges Privatsekretär ein und war dadurch stets bestens über alles informiert: insgesamt ein grandioser Coup!

Premier Lloyd George rief Maurice Hankey ins Kriegsministerium, um, so schreibt Hankey am 10. Dezember 1916 in sein Tagebuch, *»lange über das Personal der neuen Regierung, die Vorgehensweise des ausgewählten Kriegsrats und die Zukunft des Krieges zu sprechen«*[133], und bat ihn, in einem Memo seine Einschätzung des Kriegsgeschehens darzulegen. Schon am 9. Dezember verbrachte Hankey den ganzen Tag mit dem neuen Kriegskabinett.[134] Anders als viele seiner Zeitgenossen war er nicht überrascht, dass Milner ohne Votum direkt ins innere Heiligtum der britischen Kriegsplanung berufen worden war. Lloyd George war schließlich durch Milners Intrigen an die Macht gekommen. Und Hankey wusste, dass er ohne Milners Gunst nicht politisch überleben würde. Auf Milners Bitte hin wurde auch sein treuer Leutnant aus Südafrika, Leo Amery, ins Kriegskabinett versetzt, möglicherweise um Hankey zu kontrollieren. Ohne Zweifel wurde der Putsch von den Mitgliedern und Agenten der Geheimen Elite geplant und ausgeführt. Sobald Asquith ersetzt worden war, durchdrang sie die neue Regierung mit Milners Erfüllungsgehilfen von oben bis unten.[135] In der offiziellen Geschichtsschreibung wird man jedoch vergeblich danach suchen. Dort heißt es lediglich: *»Aufgrund innenpolitischer Krisen und der allgemeinen Unzufriedenheit über die Kriegführung an der Westfront tritt Asquith als Premierminister zurück.«*[136]

Anfang 1917 griff der Journalist Henry William Massingham Milners Organisation scharf an: *»Ein neuer Doppelschirm von Bürokraten wird zwischen die Kriegsdirektion und die Ministerien geschoben, die bis dahin direkt dem Parlament verantwortlich waren ... Das erste ist das Kabinettssekretariat ... das zweite ist eine kleine Gruppe von Erleuchteten, die im Garten des Premierministers residieren ... Diese Herren stehen in keiner Weise für ein Kabinett des öffentlichen Dienstes. Sie sind eher eine Art reisender Herrschaftsempiriker, die Lord Milner hereingebracht hat ... Die Regierungsideen sind nicht die von Mr. Lloyd George ... sondern die von Lord Milner ... Mr. George hat den Toryismus benutzt, um die Ideen der Liberalen zu zerstören; aber er hat ein Monster geschaffen, das im Moment beide dominiert. Das ist die Neue Bürokratie, die England zu beherrschen droht.«*[137]

Ein Problem für die Milner-Gruppe war sicherlich, dass die Mittelmächte am 5. November 1916 das seit 1795 aufgeteilte Polen als sogenanntes »Regentschaftspolen« in eine gewisse Selbstständigkeit entließen, denn auch sie hatte den Polen als Köder die Selbstständigkeit in Aussicht gestellt. Wie von ihr befürchtet, ging von Deutschland eine Friedensbotschaft aus. In der Reichstagssitzung vom 12. Dezember verlas Reichskanzler Bethmann Hollweg folgende Friedensnote: *»Der furchtbarste Krieg, den die Geschichte je gesehen hat, wütet seit bald zwei und einem halben Jahr in einem großen Teil der Welt. Diese Katastrophe, die das Band einer gemeinsamen tausendjährigen Zivilisation nicht hat aufhalten können, trifft die Menschheit in ihren wertvollsten Errungenschaften. Sie droht, den geistigen* *und materiellen Fortschritt, der den Stolz Europas zu Beginn des zwanzigsten Jahrhunderts bildete, in Trümmer zu legen ... Getragen von dem Bewußtsein ihrer militärischen und wirtschaftlichen Kraft, und bereit, den ihnen aufgezwungenen Kampf nötigenfalls bis zum äußersten fortzusetzen, zugleich aber von dem Wunsch beseelt, weiteres Blutvergießen zu verhüten und den Greueln des Krieges ein Ende zu machen, schlagen die vier verbündeten Mächte vor, alsbald in Friedensverhandlungen einzutreten. Die Vorschläge, die sie zu diesen Verhandlungen mitbringen werden, und die darauf gerichtet sind, Dasein, Ehre und Entwicklungsfreiheit ihrer Völker zu sichern, bilden nach ihrer Überzeugung eine geeignete Grundlage für die Herstellung eines dauerhaften Friedens.«*[138] Die USA reagierten nicht direkt darauf, sondern schlugen am 21. Dezember den kriegführenden Völkern vor, als friedenssichernde Maßnahme einen Völkerbund zu gründen. Hier wurde später, nach dem Krieg, die halbe Welt Mitglied, nur die Vereinigten Staaten nicht. Die Entente aber ignorierte das deutsche Friedensangebot einfach – der von Milner und seinen Freunden durchgeführte »sehr britische Coup« machte jede Aussicht auf Frieden zunichte und sicherte schließlich die Verlängerung des Weltkriegs bis zum 11. November 1918.

Im kriegsmüden Russland wurde Ende Dezember der Friedensmahner Rasputin von dem britischen Militärattaché Oswald Rayner erschossen. Im März 1917 kam es zum Sturz des Zaren, der provisorischen Übergangsregierung unter Fürst Lwow gehörten neben Vertretern des Großbürgertums auch Sozialisten wie der Kriegsbefürworter und Freimaurer Alexander Kerenski an. Diese schillernde Person war *»Bruder in neun Logen des Großorients der Völker Rußlands, im Grand Orient de France und in der Grand Lodge of England sowie nach 1918 im Obersten Rat der russischen Exilmaurer in Paris«*[139]. Lwow und Kerenski waren entschlossen, den Krieg fortzusetzen, was ganz im Sinne der Briten war – ein erster erfolgreicher Regimechange? Im November 1917 brach schließlich die bolschewistische Revolution los, in deren Folge Lenin die russische Zentralbank für einhundert Jahre in die Hände seines Gläubigers Rothschild gab.[140]

Da trotz aller Bemühungen ein Sieg der Mittelmächte nicht auszuschließen war und damit ein Totalverlust der ungeheuren amerikanischen Kriegsanleihen an die Entente drohte – 2100 Mio. Dollar, Deutschland hatte nur 27 Mio. Dollar bekommen –, wurde in den USA von Bankern und Rüstungsindustriellen die Kriegspropaganda geschürt, um die Bevölkerung für den Kriegseintritt zu gewinnen, der am 6. April 1917 erfolgte und schließlich der Entente den Sieg sicherte.

So markieren die Jahre 1916 und 1917 mit der Aushöhlung jedes politischen Anstands den Initialpunkt der totalitären Machtentfaltung und Gewalt des 20. Jahrhunderts: Versailles, russischer Bürgerkrieg, Faschismus, Hitler, Stalin usw. 1916 hätte der Krieg zu Ende sein können. Aber er wurde weiter angefacht durch die Weltherrschaftsfantasien der Rhodes-Milner-Gruppe und der »Kaufleute des Todes« aus der Wallstreet. Sieger waren schließlich die USA.

Resümee und Ausblick

Der am 28. Juni 1919 – exakt am fünften Jahrestag des Attentats von Sarajewo – in Versailles unterzeichnete Friedensvertrag verlangte von Deutschland im Artikel 231, *»Teil VIII. Wiedergutmachungen«*, die Anerkennung der Alleinschuld: *»Die alliierten und assoziierten Regierungen erklären, und Deutschland erkennt an, daß Deutschland und seine Verbündeten als Urheber für alle Verluste und Schäden verantwortlich sind, die die alliierten und assoziierten Regierungen und ihre Staatsangehörigen infolge des ihnen durch den Angriff Deutschlands und seiner Verbündeten aufgezwungenen Krieges erlitten haben.«* Die Forderung war kaum geeignet, eine stabile Friedensphase einzuleiten: 20 Jahre später wurde Europa in einen noch unmenschlicheren Krieg gestürzt. Schon 1941 sprach denn auch General de Gaulle in einer Radioansprache von einem zweiten 30-jährigen Krieg, Churchill äußerte sich 1944 ähnlich. Die beiden Kriege waren nötig, um der Seemacht USA gemäß dem Trieb aller Seemächte Brückenköpfe auf den gegenüberliegenden Küsten zu verschaffen, in diesem Fall der atlantischen und der pazifischen. So blieben nach 1945 die US-amerikanischen Befehlsstrukturen der Atlantik- und der Pazifikfront aktiv – siehe die Regionalkommandos EUCOM und PACOM. Während der Kubakrise kamen noch Nord- und Südamerika hinzu, und nach der Revolution im Iran wurde sogar der Persische Golf als ein Gebiet

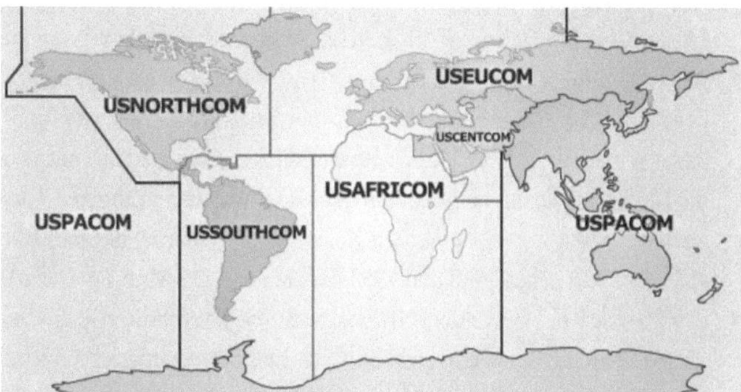

US-Regionalkommandos: Einteilung des Globus nach geopolitischem Interesse

angesehen, das die amerikanischen Sicherheitsinteressen direkt berührt (Carter-Doktrin). Carters Sicherheitsberater Zbigniew Brzezinski schuf 1982 dafür die Architektur: das von Ägypten bis nach Kasachstan reichende Zentrale US-Kommando.

Ohne Zweifel ging es in beiden Kriegen, ja geht es bis heute letztlich um Weltherrschaft. Winston Churchill hatte durchaus die amerikanischen Interessen im Blick, als er im April 1947 unverblümt die »Vereinigten Staaten von Europa« als notwendige Voraussetzung für eine autoritative Weltordnung propagierte: *»Wir geben uns natürlich nicht der Täuschung hin, dass die Vereinigten Staaten von Europa die letzte und vollständige Lösung aller Probleme der internationalen Beziehungen darstellen. Die Schaffung einer autoritativen, allmächtigen Weltordnung ist das Endziel, das wir anzustreben haben. Wenn nicht eine wirksame Welt-Superregierung errichtet und rasch handlungsfähig werden kann, bleiben die Aussichten auf Frieden und menschlichen Fortschritt düster und zweifelhaft. … Ohne ein Vereinigtes Europa keine sichere Aussicht auf eine Weltregierung.«*[141] Eine US-Weltregierung mit einer »Special Relationship« zum Vereinigten Königreich Großbritannien – Cecil Rhodes lässt grüßen!

Nach dem Zweiten Weltkrieg galt es dann, Europa für den Krieg gegen die Sowjetunion fit zu machen.

- Am 15. Mai 47 verkündete US-Präsident Harry S. Truman seine Doktrin zur Eindämmung der weiteren Ausdehnung der Sowjetunion.
- Am 6. Juni folgte der Marshallplan. Er hatte das Ziel, Westeuropa gegen den Ostblock zu stärken und der noch vom Krieg überhitzten amerikanischen Wirtschaft Absatzmärkte zu öffnen. Mit Annahme der Hilfe mussten die Länder ihre finanzpolitische Souveränität an Washington abtreten – das war der Beginn der ökonomischen Kolonisierung Europas, die gar nicht viel kostete (zwischen 1948 und 1952 flossen nur ca. 15 Mrd. US-Dollar).
- Am 26. Juli 1947 wurde der »National Security Act« für die militärische Durchdringung der Welt verabschiedet, eines der wichtigsten Gesetze der US-amerikanischen Nachkriegsgeschichte. Er ist bis heute die Grundlage weltweiter amerikanischer Militärmacht.[142]

Alle drei Ereignisse stehen in einem direkten Zusammenhang.

Am 4. April 1949 wurde die NATO gegründet, offiziell als Verteidigungsbündnis gegen die Sowjetunion – die erst 1955 als Reaktion darauf den Warschauer Pakt ins Leben rief –, eigentlich aber, wie es der erste NATO-Generalsekretär Lord Ismay salopp formulierte, um *»die Russen draußen, die Amerikaner drinnen und die Deutschen unten zu halten«*[143]. Im Bündnisvertrag wurde festgehalten, dass wirtschaftlicher Wiederaufbau und wirtschaftliche Stabilität wichtige Elemente der Sicherheit seien – daher der Marshallplan.

Bereits im Dezember 1949 verabschiedete die NATO den Kriegsplan »Dropshot«, mit dem 1957 die Sowjetunion angegriffen werden sollte.[144] Es sollte wie immer so aussehen, als sei der Gegner der Aggressor. Die »Grundannahme«, so heißt es in dem streng geheimen Papier wörtlich, sei: *»Am oder um den 1. Januar 1957 ist den Vereinigten Staaten durch einen Aggressionsakt der UdSSR und/oder ihrer Satelliten ein Krieg aufgezwungen worden.«*[145] Daraufhin sollten 300 Atombomben und 29 000 hochexplosive Bomben auf 200 Ziele in einhundert Städten abgeworfen werden, um 85 Prozent der industriellen Kapazität der Sowjetunion mit einem einzigen Schlag zu vernichten. Der Zeitpunkt war zweifellos auf den ursprünglich geplanten Abschlusstermin der Remilitarisierung Westdeutschlands abgestimmt. Aufgrund der Ablehnung der Verträge über die sogenannte »Europäische Verteidigungsgemeinschaft« durch die französische Nationalversammlung 1954, aber auch wegen der Gegner einer Wiederbewaffnung in der Bundesrepublik, verzögerte sich der Aufbau der Bundeswehr um einige Jahre. Als dann 1957 auch noch der fiepsende Sputnik seine Kreise um die Erde zog, mussten die Kriegsplanungen überarbeitet werden, und der Zeitpunkt für Dropshot wurde vertagt. In Moskau aber ist es unvergessen.

Diese imperialen Ambitionen verärgerten den französischen Präsidenten General de Gaulle zutiefst. Für ihn ging Europa vom »Atlantik bis zum Ural«. Auch in den besonderen Beziehungen Großbritanniens zu den USA sah Charles de Gaulle eine Gefahr, weshalb er später dessen Beitritt zur Europäischen Wirtschaftsgemeinschaft zu verhindern suchte. Seine Distanz zur angloamerikanischen Geostrategie und sein vertrauensvolles Verhältnis zum deutschen Nachkriegskanzler Konrad Adenauer verhinderten eine Wiederholung der Politik Georges Clemenceaus, die das ohnehin schwierige Verhältnis Frankreichs zu Deutschland nach dem Ersten Weltkrieg vergiftet hatte. Auch Thomas Mann hatte im amerikanischen Exil die Neigung der USA erkannt, *»Europa als ökonomische Kolonie, militärische Basis, Glacis im zukünftigen Atom-Kreuzzug gegen Russland zu behandeln, als ein zwar antiquarisch interessantes und bereisenswertes Stück Erde, um dessen vollständigen Ruin man sich aber den Teufel scheren wird, wenn es den Kampf um die Weltherrschaft gilt«*[146].

Am 9. Mai 1950 kündigte der französische Außenminister Robert Schuman die Schaffung einer Europäischen Gemeinschaft für Kohle und Stahl (EGKS) an. Adenauer soll nur wenige Stunden zuvor davon erfahren haben. Dieser Tag wird heute als »Europa-Tag« gefeiert. *»Alles begann in Washington«*, erklärte Schumans Stabschef später.[147] Urheber der »Schuman Deklaration« war US-Außenminister Dean Acheson. Die amerikanisch-französische Zusammenarbeit reicht in den Ersten Weltkrieg zurück. Seit den Verhandlungen in Versailles verband den französischen Unternehmer Jean Monnet – später als Wegbereiter der europäischen Einigung gefeiert – eine lebenslange Freundschaft mit John Foster Dulles, damals Berater von Bernhard Baruch, Chefrepräsentant der US-Reparationskommission und Mitglied des »War Trade Board«, welches das »Kriegsbusiness« koordinierte. Unter Baruchs Anleitung formulierte Dulles die juristische Festschreibung der deutschen Kriegsschuld im Versailler Vertrag. Wegen dieser Passage verweigerte die erste deutsche Delegation unter Graf Brockdorff-Rantzau die Unterschrift.[148] Um die Unterzeichnung des Friedensvertrags zu erzwingen, wurde die effektive Seeblockade nach dem Waffenstillstand vom 11. November 1918 fortgeführt und erst am 12. Juli 1919, zwei Wochen nachdem Außenminister Hermann Müller (SPD) und Verkehrsminister Johannes Bell (Zentrum) unter Protest unterschrieben hatten, aufgehoben.[149] Die Verlängerung der Blockade kostete mehr als 700 000 Menschenleben.[150]

Als ab 1934 in den USA die Angst vor einem neuen Krieg umging – die Wirtschaft stagnierte trotz New Deal, neue Kriegspläne (»Rainbow«) wurden entwickelt –, wollten besorgte Kongressmitglieder überprüfen, welche Interessen hinter dem Kriegseintritt von 1917 gestanden hatten. Dazu wurde das »Senate Munitions Investigating Committee« unter Senator Gerald P. Nye, genannt Nye-Komitee, eingerichtet. In 93 Anhörungen wurden 200 Zeugen befragt, darunter der Bankier und Unternehmer J. P. Morgan Jr. sowie Pierre S. du Pont, Rüstungsmagnat mit fast 1 000 Prozent Gewinnsteigerung im Vergleich zu den Vorkriegsjahren. Nach zweijährigen Ermittlungen konnte das Komitee überzeugend darstellen, dass Banker und Rüstungsindustrielle neben Preisabsprachen vor und während des Krieges starken Einfluss auf die US-Außenpolitik genommen und so das Land in den Krieg »getrickst« hatten, um die Anleihen zu schützen und einen Rüstungsboom zu erzeugen. Es berichtete außerdem, dass Großbritannien bis zum Kriegseintritt der USA im April 1917 von der Wall Street 85-mal so viel an Krediten erhalten hatte wie das Deutsche Reich.[151] Dem Komitee wurden Anfang 1936 die Mittel entzogen, als Nye den verstorbenen Präsidenten Woodrow Wilson beschuldigte, dem Kongress Informationen zur geplanten Kriegserklärung vorenthalten zu haben. Der Vorschlag, die Waffenindustrie zu verstaatlichen, wurde abgelehnt. Später gab Nye ein Dokument heraus mit dem Titel »The Next War« (Der nächste Krieg) mit einer zynischen Anspielung auf *»the old goddess of democracy trick«*[152], »den Trick der alten Göttin Demokratie«, durch den Japan dazu benutzt werden könnte, die USA in den Zweiten Weltkrieg zu locken.[153] Es gab offenbar Bedenken, dass die »Merchants of Death« die Teilnahme der USA wieder forcieren würden.

Auch hinter dem Plan eines vereinten Europa stand ein Netzwerk von Politikern, Militärs, Bankern, Industriellen und Spekulanten. Der nächste Schritt zur Europäischen Union waren die sogenannten »Römischen Verträge«, unterzeichnet am 25. März 1957 von Belgien, Deutschland, Frankreich, Italien, Luxemburg und den Niederlanden in Rom unter dem mächtigen Standbild von Papst Innozenz X., dessen Gesandter Fabio Chigi 1648 beim Westfälischen Friedensvertrag als Einziger seine

Unterschrift verweigert und Einspruch eingelegt hatte. War dieser Ort die richtige Umgebung für eine künftige Friedensunion? In der Tat geht von der EU nicht gerade eine friedensfördernde Wirkung aus, da sie die völkerrechtswidrigen Kriege der NATO vorbehaltlos unterstützt und Europa trotz der Auflösung des Ostblocks 1990 nachhaltig spaltet, ja heute sogar schlimmer als im Kalten Krieg in gefährlicher Weise die Kriegspropaganda gegen Russland schürt.

Der Grundlagenvertrag von Lissabon im Dezember 2007 sollte die EU reformieren, verstärkt aber nur die ökonomische Kontrolle des Vertragsgebiets. Die erkennbaren Ziele der EU decken sich in erstaunlichem Maß mit denen des 1925 im Zuge der Reparationsabwicklung durch die Wall Street gegründeten internationalen IG-Farben-Konzerns: Dort ging es um das Monopol in der Pharma- und Chemie-Industrie – in der EU geht es um die globale Kontrolle des Medizin- und Nahrungsmittelgeschäfts über Patente und Gen-Food. Und so ist der Schuman-Plan nicht als Anfang der Konstruktion Europas, sondern der Destruktion der europäischen Nationen durch supranationale Institutionen zu sehen.

Inzwischen geht die begründete Furcht vor einem dritten Weltkrieg um. Nach dem Ende des Kalten Krieges 1990 hätte die NATO konsequenterweise aufgelöst werden müssen, das war eine echte Chance auf Frieden. Die Bemühungen der KSZE-Verhandlungsdelegation wurden jedoch konterkariert und zunichte gemacht durch die knallharten Ausplünderungs- und Weltherrschaftspläne der NATO-Strategen.[154] Am 24. Juni 2016 fragte der kanadische Journalist, Autor und Menschenrechtler Murray Dobbin im US-Magazin *Counterpunch: »Do we really want a war with Russia?«* (Wollen wir wirklich Krieg mit Russland?) Es überrasche kaum, dass Russland die Aufnahme von Polen, Ungarn, Bulgarien, Litauen, Lettland, Estland und Rumänien in die NATO als militärische Bedrohung sieht.[155] Dobbin sieht Polen als Schlüssel in der gefährlichen Scharade. Ahnt er eine ähnliche Situation wie 1938/39, als der Krieg mit Spannungen an der polnischen Westgrenze begann? Gerade in letzter Zeit führt die NATO ausgedehnte Manöver durch – Dobbin verweist auf die Operation

»Anaconda« mit 30 000 westlichen Militärs, den größten Aufmarsch an Russlands Grenze seit der deutschen Invasion im Juni 1941. Dazu passt die Drohgebärde des polnischen Präsidenten Andrzej Duda: *»Das Ziel der Übung ist klar. Wir bereiten uns auf einen Angriff vor.«*[156]

Am 25. Juni 2016 erschien auf der Plattform des Friedensinstituts des Republikaners Ron Paul ein Artikel mit derselben Überschrift, verfasst von dem US-Journalisten Eric Margolis. Er ermahnt darin alle heutigen Politiker, Christopher Clarks Buch »Die Schlafwandler« genau zu lesen. Clark beschreibe darin *»detailliert, wie die kleinen Intrigen antideutscher Offizieller in Frankreich, England und Russland den Ersten Weltkrieg manipulierten, einen Konflikt, der unnötig, idiotisch und unlogisch war… wir sehen heute den gleichen Prozess am Werk. Die Kriegsparteien in Washington, unterstützt vom militärisch-industriellen Komplex, die zahmen Medien und die Neocons, alle agitieren sie schwer für den Krieg… seit Friedrich dem Großen haben weise europäische Staats- und Regierungschefs gelernt, nicht gegen Russland zu kämpfen… alles, was es jetzt braucht, ist ein Terroranschlag wie in Sarajewo, um einen großen Krieg zwischen den beiden Atommächten zu entfachen.«*[157] Was hätte Margolis wohl geschrieben, wenn ihm weitere Zusammenhänge bekannt gewesen wären, die in Clarks Buch nicht zu finden sind? So unterschlägt Clark die jahrelange Planung der Seeblockade ab 1908 gegen Deutschland vonseiten des CID, dokumentiert durch zwei Mitglieder: Maurice Hankey (»The Supreme Command«) und A. C. Bell (»A History of the Blockade of Germany«). Auch der offizielle britische Marinehistoriker und Marinestratege Sir Julian Corbett bestätigt, der Erste Weltkrieg sei durch Lord Hankey und seine Mitarbeiter mit *»einer geordneten Vollständigkeit im Detail, die keine Parallele in unserer Geschichte hat«*[158], geplant worden. Doch Hankey, Bell und Corbett sucht man im Index der »Schlafwandler« vergebens, natürlich erst recht in den Publikationen von Heinrich August Winkler, Herfried Münkler, Jörg Friedrich oder Jörn Leonhard zum Ersten Weltkrieg.

Leo Trotzki kommt zu einem für Großbritannien wenig schmeichelhaften Fazit: *»Die englische Demokratie hat doch zum imperialistischen Kriege ge-*

führt, und zwar… im Sinne der direkten und unmittelbaren Verantwortung der englischen Diplomatie, die bewußt und berechnend Europa in den Krieg trieb. Hätte die englische ‚Demokratie' erklärt, daß sie auf Seiten der Entente in den Krieg eingreift, hätten wahrscheinlich Deutschland und Österreich-Ungarn den Rückzug angetreten. Hätte England seine Neutralität erklärt, hätten wahrscheinlich Frankreich und Rußland diesen Rückzug angetreten. Aber die britische Regierung hat anders gehandelt: Sie hat heimlich der Entente ihre Unterstützung versprochen, Deutschland und Österreich-Ungarn auf die Möglichkeit der Neutralität rechnen lassen und sie irregeführt. So hat die englische ›Demokratie‹ den Krieg provoziert…«[159] In einem muss Trotzki widersprochen werden, es war nicht »die englische Demokratie« oder »Diplomatie«, sondern ein kleiner, berechnender Kreis innerhalb der britischen Elite, der damit auch den amerikanischen Finanzinteressen in die Hände spielte.

Höhepunkt war dann der von Lord Milner organisierte Staatsstreich Anfang Dezember 1916, der das Kriegskabinett mit Premier Lloyd George an die Macht und Milner selbst in eine Schlüsselposition brachte, um den Ersten Weltkrieg bis zur bitteren Neige zu verlängern. Eine Folge waren dann die Versailler Verträge sowie der England-orientierte Völkerbund. Mit Versailles wurden die Voraussetzungen für den Zweiten Weltkrieg geschaffen, weiterführend auch für die angloamerikanisch dominierte UN – gleichsam den Völkerbund 2.0. Wie Churchill es 1947 offen angekündigt hatte, sind die USA mit dem Steigbügelhalter EU auf dem Weg zur autoritären Weltherrschaft. Die Intention, eine neue Weltordnung zu schaffen – angeblich mit dem Ziel der Humanität–, ist spätestens seit dem 11. September 1990 deutlich geworden, als George Bush sen. die Parole »Toward a New World Order« (Vorwärts zu einer neuen Weltordnung) ausgab. Vier Monate später, nach Saddam Husseins Einmarsch in Kuwait, begannen die USA mit Unterstützung der UN und mithilfe der »Brutkastenlüge«[160] den Krieg gegen den Irak, den sie im ersten Irakkrieg 1979–1988 noch mit Waffen versorgt hatten. Fünf Monate später löste sich das Warschauer Bündnis auf.

Ramsey Clark, US-Justizminister unter Johnson, sagte im März 1991 in einem Zeitungsinterview: *»Ich warne die Europäer davor, zu glauben, dass die USA im Rahmen der neuen Weltordnung Skrupel haben würden, auch in Europa militärisch zu intervenieren... Die USA würden eine europäische nukleare und wirtschaftliche Großmacht nicht lange dulden.«*[161] Der Terroranschlag am 11. September 2001 lieferte dann den Vorwand für weitere Kriege, vornehmlich in Ländern, die reich an Ressourcen waren. Seit 2008 ist hinter den globalen Unruhen und Konflikten die entfesselte Gier nach Renditen kaum noch zu übersehen. Wie einhundert Jahre zuvor werden Konflikte geschürt, wenn nicht sogar provoziert, um Volkswirtschaften aufzubrechen und Länder mittels Krediten abhängig zu machen. Der Imperialismus ist nach dem Zweiten Weltkrieg keineswegs begraben worden, es geht nur nicht mehr um Nationen, sondern um als »Demokratieförderung« getarnte Abhängigkeit und Ausplünderung.

Der Blick in die Geschichte zeigt, dass die meisten der heutigen globalen Verwerfungen ihre Wurzeln in der imperialen Politik zu Beginn des 20. Jahrhunderts haben. Schon damals steckte unter dem Mäntelchen der Kultivierung schonungslose Ausbeutung und Missachtung anderer Kulturen. Mit dem Frieden von Versailles wurden Kränkungen manifest, die sich nicht dauerhaft unterdrücken lassen. So könnte der 100. Jahrestag von Versailles Anlass sein, dass alle Betroffenen den Balken in ihrem Auge erkennen und ein Prozess der Heilung einleiten – eine Friedensordnung, wie sie Woodrow Wilson bereits 1918 in seinen »Vierzehn Punkten« vorgestellt hatte; diese könnten endlich nachträglich verwirklicht werden. Voraussetzung dafür ist allerdings die Auflösung der imperialen westlichen Strukturen. Mit dem Austritt Großbritanniens aus der NATO-dominierten EU könnte der Neustrukturierungsprozess hin zu einer wirklichen »europäischen Gemeinschaft« eingeleitet werden, einer Gemeinschaft, die Russland einbezieht.

Die »politische Transformation« Europas, so der britische Historiker und Spezialist für Völkerrecht John Laughland, Studiendirektor des Pariser »Instituts für Demokratie und Zusammenarbeit«, habe fast ausschließlich in den Händen von Briten und Amerikanern gelegen und lange vor der Gründung der Kohle- und Stahl-Union (Montan-Union) begonnen.[162] Man beachte die Reihenfolge:

4. April 1949: Gründung der NATO

5. Mai 1949: Gründung des Europarats (nicht zu verwechseln mit dem Europäischen Rat und dem Rat der EU) auf Betreiben des »American Committee for a United Europe« – eine 1948 von Allen Dulles, Winston Churchill und dem US-Geheimdienstchef General William J. Donovan ins Leben gerufene Organisation, die institutionell nicht mit der Europäischen Union verbunden ist. Im August 1950 beriet man über die Gestaltung einer offiziellen Flagge für Europa. 1955 wurde der Entwurf mit einem Kranz aus zwölf goldenen fünfzackigen Sternen auf azurblauem Hintergrund vom Europarat eingeführt und erst im Mai 1986 als Symbol für alle Institutionen der Europäischen Gemeinschaft übernommen. Die Zahl 12 symbolisiert dabei die Vollständigkeit. Aufgabe des Europarats sollte die Sicherung und Verwirklichung rechtstaatlichen und demokratischen Denkens, die Wahrung der europäischen Kultur und die Förderung des wirtschaftlichen und sozialen Fortschritts sein. Hehre Ziele, angesichts des gleichzeitig ausgearbeiteten Kriegsplans »Dropshot« aber wohl nicht ganz ernst gemeint.

23. Mai 1949: Gründung der Bundesrepublik Deutschland. Folge: die Teilung in zwei Staaten, die im Kriegsfall bis zur atomaren Verwüstung gegeneinander hätten kämpfen müssen.

Die drei genannten Ereignisse müssen als Schritte in Richtung einer NATO-orientierten Europäischen Union verstanden werden, die unter absoluter Geheimhaltung entstanden ist. Erst später lancierten interessierte Kreise Propagandakampagnen, die das Projekt Europa als Friedenswerk darstellen sollten. Und diese wirken bis heute fort. In Anlehnung an die berühmte Maxime Immanuel Kants bilanziert John Laughland: *»Die Freiheit für Deutschland ist der Ausgang aus einer 70-jährigen Vormundschaft durch die Amerikaner.«*[163]

Ende 2014 tauchten die Dämonen von 1914 wieder auf: In dem Strategiepapier »TRADOC 525-3-1 Win in a Complex World 2020–2040«[164] wird als Hauptziel genannt, die Bedrohung durch Russland und China zu beseitigen. Dabei wird nicht auf eine direkte Eroberung einzelner Staaten gesetzt, sondern auf eine gezielte Doppelstrategie von Destabilisierung und Einflussnahme über Nichtregierungsorganisationen und Geheimdienste. Also erst die Erzeugung von Chaos, dann die Etablierung der gewünschten Strukturen.

»Win in a complex World«: Setzt sich das Verhängnis fort?

Die vier Eskalationsstufen des Destabilisierungsdrehbuchs sind schon im Vorgängerpapier »525-5« von 1994 genau beschrieben und lassen sich am Beispiel der Ukraine illustrieren: Aufruhr – Krise – Konflikt – Krieg. Wie vor einhundert Jahren wird die Hauptgefahr in einer möglichen Kooperation zwischen Deutschland und Russland gesehen, was George Friedman, der Gründer und Vorsitzende des führenden privaten US-amerikanischen Think Tanks »STRATFOR«, am 4. Februar 2015 überraschend deutlich aussprach. Die USA hätten keine *»Beziehungen«* mit Europa, es gebe lediglich bilaterale Beziehungen zu einzelnen Staaten. *»Das Hauptinteresse der US-Außenpolitik während des letzten Jahrhunderts, im Ersten und Zweiten Weltkrieg und im Kalten Krieg waren die Beziehungen zwischen Deutschland und Russland … Seit einem Jahrhundert ist es für die Vereinigten Staaten das Hauptziel, die einzigartige Kombination zwischen deutschem Kapital, deutscher Technologie und russischen Rohstoffressourcen, russischer Arbeitskraft zu verhindern.«*[165]

Schon 1919 gab es die Idee eines »Cordon sanitaire«, eines Gürtels aus Pufferstaaten, zwischen Deutschland und Russland. Bald erstreckte sich tatsächlich von Finnland über die baltischen Staaten und Polen bis Rumänien ein Staatenband, der die Sowjetunion vom übrigen Europa trennen sollte – angeblich zum Schutz vor der »bolschewistischen Weltrevolution«. Um den Alptraum einer deutsch-russischen Annäherung zu verhindern, wollen die USA heute auf diese Idee zurückgreifen. Seit dem völkerrechtswidrigen Krieg gegen Jugoslawien behält sich die NATO das Recht vor, im Ausnahmefall und auf der Basis eines Konsensbeschlusses der Bündnispartner auch ohne UN-Mandat militärisch zu intervenieren. Damit erweist sie sich eindeutig als Offensivbündnis. Es gibt aber auch »das andere Amerika«: Neben Ron Paul[166] gehört etwa Paul Craig Roberts zum Gewissen der USA. Er war unter Ronald Reagan stellvertretender Finanzminister. Heute gehört er laut *Forbes* zu den besten Journalisten der Welt, und er spricht Klartext: *»Wenn der Großteil der Menschheit nicht bald aufwacht und diesem Wahnsinn entschlossen entgegentritt, wird Washington die Welt vernichten!«*[167] Diese Warnung müssen wir inzwischen noch ernster nehmen, denn in der Einjahresstudie des US Army War College vom Juni 2017 wird festgestellt, dass die Welt in eine völlig neue Phase der Transformation eingetreten sei, in der die Macht der USA schwinde, die Weltordnung zerfalle und die Autorität der Regierungen überall zerbröckele.[168]

In dieser fragilen Phase forderten Teilnehmer der Münchner Sicherheitskonferenz (MSC) Ende 2017 den beschleunigten Umbau der EU zur Kriegsallianz. Der europäische Staatenbund müsse in der Lage sein, jederzeit eine mit der Militäroperation gegen Libyen 2011 vergleichbare »Mission« durchzuführen, so eine aktuelle Studie der MSC, der Unternehmensberatung McKinsey und der Eliteuniversität Hertie School of Governance.[169] Verlangt werden drastische Erhöhungen der Verteidigungsbudgets der EU-Mitgliedsländer und Investitionen in modernes Kriegsgerät. Ziel ist die Vereinheitlichung der europäischen Rüstungsstandards und der weitere Ausbau der staatlichen Forschungsförderung. Der ehemalige SPD-Parteivorsitzende Martin

Schulz, der sich als Präsident des Europäischen Parlaments (2014–2017) vehement für die Freihandelsabkommen CETA und TTIP eingesetzt hatte, schwor seine Genossen am 7. Dezember 2017 auf dem SPD-Parteitag auf den Kurs eines europäischen Einheitsstaates ein. Spätestens bis 2025 wolle er die Vereinigten Staaten von Europa verwirklicht sehen. Wer hat diesem Hätschelkind der multinationalen Konzerne das wohl in den Mund gelegt?

»Macron drängt Martin Schulz zur GroKo«, schrieb die *FAZ* am 3. Dezember 2017. Sollen die Transatlantiker in der SPD zusammen mit Emmanuel Macron Kanzlerin Merkel vor sich hertreiben? Der ehemalige Jesuitenschüler Macron, der seine Magisterarbeit über Machiavelli und seine Diplomarbeit über Hegel schrieb, erhielt am 18. Mai 2018 den Karlspreis. *»Seine Leidenschaft und sein europäisches Engagement, sein Eintreten für Zusammenhalt und Gemeinsamkeit und sein entschiedener Kampf gegen jede Form von Nationalismus und Isolationismus sind zur Überwindung der europäischen Krise vorbildhaft«*, heißt es in der Begründung.[170] Karl der Große wurde im Jahr 800 in Rom durch den Papst gekrönt und erhielt als erster westeuropäischer Herrscher die Kaiserwürde. Es entstand das »Heilige Römische Reich Deutscher Nation«, durch Napoleon zerschlagen am 6. August 1806. Macron wird das seit 1950 proklamierte Narrativ, die EU sei das Werk der Europäer und demzufolge auch durch die Bürger Europas demokratisch legitimiert und kontrolliert, nicht zum Einsturz bringen. Es wird bei der von der CIA konzipierten Desinformation bleiben. Damit reiht sich Macron in eine illustre Gesellschaft von Karlspreisträgern ein: Richard Coudenhove-Kalergi (1950), Jean Monnet (1953), Winston Churchill (1955), Walter Hallstein (1961), Tony Blair (1999), Bill Clinton (2000), Papst Paul II. (2004), Angela Merkel (2008), Martin Schulz (2015), Papst Franziskus II. (2016) – sie alle sind bzw. waren eingebunden in transatlantische Netzwerke.

Sowohl bei der heutigen EU als auch beim Karlspreis handelt es sich um Etikettenschwindel. Stephan Steins bringt es in seinem Artikel »Steht die geplante EU-Armee in Konkurrenz zur NATO?« auf den Punkt: *»Natürlich* *ist die Idee der europäischen Einigung eine alte Idee in Europa. Etwas ganz anderes ist allerdings, was die anglo-amerikanischen Siegermächte nach 1945 daraus institutionell entwickelt haben. Die zentralistische, undemokratische EU ist so ziemlich das genaue Gegenteil dessen, was die Europäer im Sinn hatten. Die Funktion der Institution EU für den globalisierten Imperialismus besteht darin, die bürgerlich-demokratische Republik der Europäischen Aufklärung zu desintegrieren und somit die, institutionell an den Nationalstaat gekoppelte, demokratische Partizipation des Souveräns auszuhebeln.«*[171]

Ein stürzendes Weltreich ist unberechenbar. Heute haben wir es mit noch viel mächtigeren Interessengruppen zu tun als Anfang des 20. Jahrhunderts, als die Rhodes-Milner-Gruppe bzw. ein kleiner konspirativer Kreis britischer Politiker hinter dem Rücken von Kabinett und Parlament intrigierte und die Ahnungslosen mit zerstörerischen Welteroberungsstrategien überrumpelte. Auch die heutigen Globalisierungsstrategen und Finanzjongleure wollen unter dem Signum von Humanität, Frieden und Freiheit eine unipolare Welt schaffen mit einer alles kontrollierenden Regierung. Für uns kommt es darauf an, den Zusammenhang der immer gleichen Macht- und Profitinteressen zu durchschauen und für andere transparent zu machen, sodass sie nicht länger unter einer raffinierten humanitären Tarnkappe verschwinden können. Wir dürfen uns nicht emotionalisieren oder gar verängstigen lassen. Denn wir haben nicht mehr viel Zeit.

Der Weg zur Weltregierung

Kleine Zeittafel: Das imperiale Jahrhundert

1789 Französische Revolution
1792–1797 Koalitionskriege Preußen/Österreich gegen das revolutionäre Frankreich
1793 Großbritannien, die Niederlande und Spanien treten in den Krieg ein
1799 Staatsstreich Napoleons
1804 Napoleon krönt sich zum Kaiser der Franzosen
1806 Ende des Heiligen Römischen Reiches Deutscher Nation
1812 Napoleon vor Moskau
1813 Beginn der Befreiungskriege
1815 Neuordnung Europas durch den Wiener Kongress: Heilige Allianz
1830–47 Frankreich erobert Algerien
1840 Opiumkrieg der Briten gegen die Chinesen – Annexion von Hongkong
1848/49 Revolutionen in Europa
1853–56 Krimkrieg: England und Frankreich gegen Russland
1870 Frankreich erklärt Preußen den Krieg
1871 Proklamation des Deutschen Kaiserreichs in Versailles
1881 Englands erster Burenkrieg; Frankreich besetzt Tunesien
1882 Großbritannien annektiert Ägypten
1884 Deutschlands erste Kolonie: Deutsch-Südwestafrika
1888 Bismarck: England will, dass Deutschland mit Russland schlecht steht
1894 Bündnisvertrag Frankreich – Russland
1897 Der deutsche Reichskanzler von Bülow: *»Wir wollen niemanden in den Schatten stellen, aber wir verlangen auch unseren Platz an der Sonne.«*
1898 USA greifen Weltmacht Spanien auf Kuba und den Philippinen an
1899–1902 Englands zweiter Krieg gegen die Buren
1900/01 »Boxeraufstand«: Chinesen erheben sich gegen die europäische, US-amerikanische und chinesische Intervention

1904 Entente cordiale: England schließt Bündnis mit Frankreich; Gründung des britischen »Committee of Imperial Defense«

1907 Triple-Entente England – Frankreich – Russland

1911 Frankreich besetzt Teile Marokkos; Italien greift das Osmanische Reich in der Kyrenaika an, und England besetzt Hafenstädte am Persischen Golf

1912/13 Balkankriege: Serbien verdoppelt Gebietsumfang

1914 Ermordung des österreichischen Thronfolgers Franz-Ferdinand

1916 In London wird ein Kriegskabinett installiert

1919 Versailler Vertrag

1920 England-zentrierter Völkerbund, Gründung von Chatham House, bis 2004 auch als Royal Institute of International Affairs bekannt

1921 Edward M. House gründet in den USA das Council on Foreign Relations

1933 Adolf Hitler wird deutscher Kanzler, Franklin D. Roosevelt Präsident der USA

1934 Im Pentagon beginnt die Entwicklung der Rainbow-Kriegspläne

1934–1936 Nye-Ausschuss untersucht im US-Kongress die Zusammenhänge der Beteiligung der Vereinigten Staaten am Ersten Weltkrieg. Ergebnis: Banker und Rüstungsindustrielle haben die USA in den Krieg getrickst

1939 1. September: Angriff Deutschlands auf Polen; Ernennung von Brigadegeneral George C. Marshall zum Generalstabschef der USA

1941 Pearl Harbor, USA führen Krieg gegen Japan, Hitler erklärt den USA den Krieg

1944 Bretton Woods/IWF

1945 US-zentrierte Vereinte Nationen, Ende des Zweiten Weltkriegs

1947
- 14. Mai Churchill spricht in der Royal Albert Hall: Vereinigtes Europa im Dienst einer künftigen Weltregierung; 15. Mai Truman-Doktrin: Eindämmung der Sowjetunion
- 6. Juni Marshall-Plan: Stärkung Westeuropas gegen den Ostblock
- 26. Juli National Security Act (Grundlage aller US-Interventionen bis heute)

1949
- 4. April Gründung der NATO
- 5. Mai Gründung Europarat auf Betreiben der USA
- 23. Mai Gründung der Bundesrepublik Deutschland
- 19. Dezember US-Kriegsplan DROPSHOT zur Zerstörung der Sowjetunion im Jahr 1957 tritt in Kraft

1950 9. Mai Gründung des Vorläufers der EU, die USA führen Krieg in Korea

1964 angeblicher Tonkin-Zwischenfall führt die USA bis 1975 in den Krieg gegen Vietnam

1955 USA stationieren Jupiter-C-Raketen in der Türkei und bedrohen damit Moskau; Gründung des Warschauer »Paktes«

1957 Sowjetunion schießt Sputnik ins All – der geplante Krieg findet nicht statt

1962 Kubakrise: Sowjetunion versucht Raketen auf Kuba zu installieren; Kennedy und Chruschtschow verhindern Atomkrieg

1983 US-Präsident Reagan spricht vom Enthauptungsschlag der Sowjetunion

1990 11. September US-Präsident G. H. Bush verkündet »Toward a New World Order«

1991 26. Dezember Auflösung der Sowjetunion.

1999 völkerrechtswidriger Krieg von NATO und USA gegen Jugoslawien und neue NATO-Doktrin: künftige Interventionen auch ohne UN-Mandat möglich

2001
- 11. September Terroranschlag in den USA
- 7. Oktober USA greifen das an dem Anschlag unbeteiligte Afghanistan an (Operation Enduring Freedom) bis heute ISAF- und Resolute Support-Einsatz; Ende Oktober: Pentagon plant Kriege in Irak, Libyen, Libanon, Syrien, Somalia, Sudan und Iran mit dem Ziel des Regime-Change

2003 20. März völkerrechtswidrige Militärinvasion der USA, Großbritanniens und einer »Koalition der Willigen« im Irak

2011 19. März bis 31. Oktober Krieg von USA und NATO gegen Libyen, seither permanenter Bürgerkrieg; USA/Saudi-Arabien implantieren sunnitische Söldner (u. a. IS) in Syrien: Bürgerkrieg

2014 20. Februar US-geführter Putsch in der Ukraine

2018 Damaskus das Sarajewo von 1914?

Der Autor

Wolfgang Effenberger, Jahrgang 1946, erhielt als junger Pionieroffizier Einblick in das von den USA vorbereitete »atomare Gefechtsfeld« Europa. In dieser Zeit erwachte auch sein Interesse an Geopolitik. Nach dem Ausscheiden aus der Bundeswehr studierte er Politikwissenschaft und Höheres Lehramt (Bauwesen/Mathematik). 2004 veröffentlichte er zusammen mit Konrad Löw das mittlerweile vergriffene Standardwerk »Pax americana«. Danach erschienen von Effenberger »Deutsche und Juden vor 1939« (2013), »Wiederkehr der Hasardeure« (2014), »Sie wollten den Krieg« und »Geoimperialismus« (beide 2016). 2018/2019 wurde die Trilogie »Europas Verhängnis 14/18« veröffentlicht, gefolgt von »Schwarzbuch EU & NATO« (2020) sowie »Die unterschätzte Macht« (2022). Wolfgang Effenberger lebt am Starnberger See.

Bildquellen

Cover: butenkow – stock.adobe.com S. 3: Mabel Dwight. A Catalogue Raisonné of the Lithographs. Smithsonian Institution Press 1997; S. 4: Wikimedia Commons; S. 15: Wikimedia Commons; S. 17: Mortimer Menpes, Wikimedia Commons; S. 24: Puck, Wikimedia Commons; S. 29: W. K. Hancock, M. M. Gowing. British War Economy. o. O. 2012; S. 42: Taboogenocide.com; S. 58: Heeresgeschichtliches Museum Wien; S. 65 (o.): Deutsches Historisches Museum, Plakate, Inventar-Nr. P 57/307.1-2 (MfDG); S. 65 (u.): Louis Oppenheim, Berlin 1916, Museum Weißenfels – Schloss Neu-Augustenburg, Kat. 3.25; S. 73: Bildarchiv Wolfgang Effenberger; Wikimedia Commons; S. 83: Bildarchiv Wolfgang Effenberger; S. 87: Wolfgang Effenberger; S. 91: Bildarchiv Wolfgang Effenberger

Anmerkungen

1 Zit. wie Susan Barnes Robinson/John Pirog: Mabel Dwight. A Catalogue Raisonné of the Lithographs. Washington 1997
2 Aus Common Sense vom November 1935. Zit. wie Hans Schmidt: Maverick Marine. General Smedley D. Butler and the Contradictions of American Military History. University Press of Kentucky 1998, S. 231
3 Johann Wolfgang von Goethe: Faust. Der Tragödie 2. Teil. 4. Akt, Vers 10187
4 Vgl. Weizsäcker: Die Tragweite der Wissenschaft. Stuttgart 1964
5 Vgl. Mausfelds Vortrag »Wie sich die ›verwirrte Herde‹ auf Kurs halten lässt« unter www.nachdenkseiten.de
6 Zit. wie Markus Osterrieder: Welt im Umbruch. Stuttgart 2014, S. 822
7 Zit. wie William T. Stead: The Last Will and Testament of Cecil Rhodes. London 1902, S. 58
8 Vgl. Osterrieder: Welt im Umbruch, S. 802 f. Zitiert wie ebd.
9 Stead: The Last Will and Testament of Cecil John Rhodes, S. 59
10 Vgl. Carroll Quigley: The Anglo-American Establishment. From Rhodes to Cliveden. New York 1981, S. 3
11 www.jamesleesmilne.com/books.html
12 London 1900–1909. 6 Bände
13 Zit. wie Max Lenz/Erich Marcks: Das Bismarck-Jahr. Hamburg 1915, S. 190
14 Walther Rathenau: Gesammelte Schriften, Bd. 4. Frankfurt/Main 1918, S. 124
15 wörtlich: »wunderbare Isolation«
16 Vgl. Hans-Olaf Henkel: »Das perfide Albion«. In: *Handelsblatt vom 12. Dezember 2011*
17 Homer Lea (1876–1912) gehörte zu den Begründern der amerikanischen Geopolitik und war erster militärischer Berater von Sun-Yat-sen, der ihn zum General befördere.
18 Homer Lea: Die Stunde der Angelsachsen. Bern 1946, S. 23
19 Friedrich Engels: Die Lage der arbeitenden Klasse in England; unter: http://gutenberg.spiegel.de/buch/5095/6
20 ca. 40 Prozent Holländer, ca. 30 Prozent Deutsche und ca. 20 Prozent Franzosen
21 Karl Haushofer: Erdkunde, Geopolitik und Wehrwissenschaft. München 1934, S. 5
22 Ebd.
23 Vgl. Ottomar Harbauer: »Deutschland isoliert durch ›Entente cordiale‹«. In: *Berliner Zeitung* vom 9. April 1994
24 Vgl. Gerd Fesser: Der Panthersprung nach Agadir. Mit dem deutschen Marineabenteuer vor Marokkos Küste begann am 1. Juli 1911 der Weg in den Ersten Weltkrieg. In: *Die Zeit* vom 30. Juni 2011
25 M. V. Brett (Hrsg.): Journals and Letters of Lord Esher, Bd. III. London 1938, S. 46
26 benannt nach Richard Haldane, britischer Kriegsminister von 1905 bis 1912
27 Vgl. http://ibiblio.org/hyperwar/UN/UK/UK-Civil-WarEcon/UK-Civil-WarEcon-2.html
28 Vgl. Roy Jenkins: Asquith. London 1964, S. 145 f., und Malcolm Pearce/Geoffrey Stewart: British Political History. 1867–1990: Democracy and Decline. London 1992, S. 195
29 Vgl. Keith M. Wilson: The Policy of the Entente. Essays on the Determinants of British Foreign Policy, 1904–14. Cambridge 1985, S. 20
30 Vgl. T124: Sea Power. London 1941, S. 30
31 Zit. wie Patrick Walsh: Great War Predicted 1906; unter https://drpatwalsh.com/2015/07/13/great-war-predicted-1906/
32 Journals and Letters of Lord Esher, Bd. III, S. 183
33 Das Kriegsministerium legte dem CID im September 1905 einen Bericht hierzu vor. Vgl. Cabinet Office: Committee of Imperial Defence Cabinet Papers, CAB 38/10/1905, Nr. 73

34 Vgl. CAB 38/9/1905, Nr. 65

35 Vgl. Sir Frederick Maurice: Haldane, Großbritanniens größter Kriegsminister. Essen 1938, S. 175

36 Vgl. Avner Offer: The First World War: An Agrarian Interpretation. Oxford 1989, S. 230-232

37 Vgl. Edward E. McCullough: How the First World War began. Montreal 1999, S. 161

38 Journals and Letters of Lord Esher. Bd. II, S. 179

39 Vgl. Martin Evans: Algeria: France's undeclared War. Oxford 2012

40 Vgl. Christopher Andrew: Théophile Delcassé and the Making of the Entente cordiale. London 1968, S. 138 ff.

41 http://web.archive.org/web/20070615120323/http://ultimateheroswelt.blog.de/2007/11/04/4_november_1911_marokko_kongo_vertrag-3242187/

42 Zit. wie Peter Hof: Die Entente cordiale und die erste Marokkokrise. In: Wolfgang Effenberger/Jim Macgregor (Hrsg.): Sie wollten den Krieg. Rottenburg 2016, S. 173

43 Zit. wie Harold Temperly: British Secret Diplomacy from Canning to Grey. In: *Cambridge Historical Journal* VI, 1938, S. 26

44 Zit. wie Hof in Effenberger/Macgregor: Sie wollten den Krieg, S. 179

45 Belgian Diplomatic Documents, Nr. 17. Zit. wie ebd., S. 176

46 Zit. wie: https://en.wikisource.org/wiki/Memorandum_on_the_Present_State_of_British_Relations_with_France_and_Germany

47 Ebd.

48 Ebd.

49 Zit. wie Keith Jeffery: Field Marshal Sir Henry Wilson. A Political Soldier. Oxford 2006, S. 72

50 Vgl. ebd.

51 Zit. wie Dan Bar-On/Sami Adwan et al.: Das historische Narrativ des Anderen kennen lernen. Palästinenser und Israelis. O. O. 2003, S. 10

52 Vgl. Evgenij A. Adamov/Gustav Graf von Lambsdorff: Die Diplomatie des Vatikans zur Zeit des Imperialismus. Berlin 1932, S. 55

53 Friedrich Sieve (Hrsg.): Iswolski and the World War. Freeport 1971, S. 387 f.

54 Arthur Jacob Marder: From the Dreadnought to Scapa Flow. Barnsley 2014, S. 379

55 Zit. wie Patrick Walsh: Schlafwandler? Von wegen! Wie Großbritannien seinen Krieg gegen Deutschland plante. In: Effenberger/Macgregor: Sie wollten den Krieg, S. 35

56 H. G. Thursfield, 'Ottley, Sir Charles Langdale (1858–1932)', rev. Andrew Lambert, *Oxford Dictionary of National Biography*, Oxford University Press, 2004, accessed 21 January 2017

57 Maurice Hankey: The Supreme Command. London 1961, S. 9 f.

58 Ebd., S. 21

59 Ebd., S. 27

60 Zit. wie Allan Nevins: Thirty Years Of American Diplomacy. New York/London 1930, S. 257

61 Jeffery: Field Marshal Sir Henry Wilson, S. 39

62 Vgl. Jakob Ruchti: Zur Geschichte des Kriegsausbruches nach den amtlichen Akten der Königlich Großbritannischen Regierung. Bern 1917. S. 38 ff. Der Briefwechsel wurde erst am 3. August 1914 im Unterhaus verlesen.

63 nordwestliches Teilgebiet von Libyen mit der Hauptstadt Tripolis

64 Oswald Spengler: Politische Schriften. München 1933, Vorwort

65 Vgl. David Owen: The Hidden Perspective. The military Conversations 1906–1914. London 2014

66 Nach Hankeys Darstellung erfolgte die Vorbereitung des Krieges gegen Deutschland in drei Phasen: 1. einer prinzipiellen Phase in den beiden letzten Amtsjahren von Balfour 1904/05, 2. der Phase der Politik 1906–09 und 3. der Umsetzung von August 1909 bis August 1914. Die letztgenannte Phase begann mit dem »War Book«, einer Art Drehbuch für den geplanten Krieg, in dem detailliert festgehalten war, welches Ressort welche Maßnahmen wie vorzubereiten und zu ergreifen hatte. Vgl. Nicolas D'Ombrain: War Machinery and High Policy Defence Administration in Peacetime Britain, 1902–1914. Oxford 1973, S. 125

67 Hankey: The Supreme Command, S. 128
68 Ebd., S 129
69 Ebd.
70 Maurice Hankey: Government Control in War. Cambridge 1945, S. 28
71 Ebd.
72 Zit. wie: https://wwi.lib.byu.edu/index.php/Agadir_Crisis:_Lloyd_George%27s_Mansion_House_Speech
73 Vgl. Kapitel »A very british Coup«
74 Zit. wie: www.deutschlandundeuropa.de/34_97/dueur34k.htm
75 Zit. wie Klaus Larres: Churchill's Cold War. The Politics of Personal Diplomacy. New Haven 2002, S. 11
76 Vgl. Elisabeth Tuchmann: Daheim wenn das Laub fällt. In: *Der Spiegel* 14, 31. März 1964
77 Zit. wie MeesBaaijen: Begleitprojekte unter dem Deckmantel »Erster Weltkrieg«. In: Effenberger/Macgregor: Sie wollten den Krieg, S. 136
78 Journals and Letters of Lord Esher, Bd. III, S. 61
79 Vgl. Stieve (Hrsg.): Isvolsky and the World War, S. 54
80 Andreas Kilb: »Alle diese Staaten waren Bösewichte«. In: *FAZ* vom 29. September 2013. Kilb im Gespräch mit Christopher Clark. Quelle: www.faz.net/-gqz-7hsa5
81 www.reichstagsprotokolle.de/Blatt_k13_bsb00003852_00574.html
82 Vgl. Alfred Thayer Mahan: The Influence of Sea Power upon History. New York 1890. Neuausgabe der 5. Auflage von 1894: Dover Publications 1987. Siehe hierzu auch Wolfgang Effenberger: Pfeiler der US-Macht. Seefahrermentalität und Puritanismus. Gauting 2005, S. 77-80
83 Alfred Thayer Mahan: Retrospect & Prospect. Boston 1912. Zit. wie Holger H. Herwig: Der Einfluß von Alfred Th. Mahan auf die deutsche Seemacht. In Werner Rahn (Hrsg.): Deutsche Marine im Wandel, München 2005, S. 137
84 Vgl. Otto Bickel, Russland und die Entstehung des Balkanbundes 1912. Ein Beitrag zur Vorgeschichte des Weltkrieges. Dargestellt vorwiegend auf Grund des amtlichen Aktenmaterials, Königsberg/Berlin 1933; Ernst Christian Helmreich: Diplomacy of the Balkan Wars. Cambridge/Mass. 1938, S. 36 ff.; Edward C. Thaden: Russia and the Balkan Alliance. Pennsylvania 1965, S. 58 ff.; Luigi Albertini: Origins of the War, Bd. 1. Oxford 1952, S. 364 ff.
85 John Skirving Ewart: Roots and Causes of the Wars, Bd. I. New York 1925, S. 542-546
86 Zit. wie »The Case of Belgium, etc.«, Dokument 2. In: *The International Monthly Inc.*, New York 1914
87 Vgl. Meyers Lexikon, Bd. 1, Leipzig 1924, S. 1386
88 www.reichstagsprotokolle.de/Blatt_k13_bsb00003353_00184.html
89 Zit. wie Miloš Boghitschewitsch (Hrsg.): Die auswärtige Politik Serbiens 1903–1914, Bd. II. Berlin 1931 (Boghit II), Bericht Nr. 774, S. 379 f.
90 Zit. wie Florian Illies: Schlaglichter aus dem Jahr 1913, unter www.bpb.de/apuz/156345/schlaglichter-aus-dem-jahr-1913?p=all; Abruf am 2. Juli 2013
91 Zit. wie Boghit II, Nr. 780, S. 383 f.
92 Zit. wie ebd., Nr. 783, S. 393 f.
93 Zit. wie ebd., Nr. 786, S. 395
94 Vgl. Dörte Löding: Deutschlands und Österreich-Ungarns Balkanpolitik von 1912–1914 unter besonderer Berücksichtigung ihrer Wirtschaftsinteressen. Hamburg 1969, S. 38 und 157
95 Vgl. Wolfgang J. Mommsen: Das Zeitalter des Imperialismus. Frankfurt am Main 1984, S. 258
96 Zit. wie Boghit II, Bericht Nr. 813, S. 413
97 Vgl. Hilke Gerdes: Rumänien. Mehr als Dracula und Walachei. Bonn 2007, S. 36
98 Deutsche Ausgabe: »Der kommende Krieg«, Berlin 1916

[99] Ebd., S. 7

[100] Vgl. Boghit II, Bericht Nr. 910, S. 501

[101] Wladimir Alexandrowitsch Suchomlinow: Erinnerungen. Berlin 1924. Zit. wie: https://archive.org/stream/dieerstenstunden00bl/dieerstenstunden00bl_djvu.txt. Während des Landesverratsprozesses von 1917 wurde Suchomlinow beschuldigt, ohne höhere Weisung 1914 die allgemeine Mobilmachung angeordnet zu haben.

[102] *Nowosti Zweno* vom 28. März 1914

[103] Charles Seymour (Hrsg.): Intimate Papers of Colonel House, Bd. 1. Boston 1926, S. 246

[104] Vgl. Wolfgang Effenberger: Die Lunte brennt: Wetterleuchten im Mittelmeerraum. Mord in Sarajewo. In Effenberger/Macgregor: Sie wollten den Krieg, S. 183-225

[105] Vgl. Gerry Docherty/Jim Macgregor: Hidden History. Edinburgh 2013, S. 242–251

[106] Paul Seelhoff: Europa auf dem Weg in den Ersten Weltkrieg: Eine Chronik der Ereignisse 1870 bis 1915. Kronach 2018, S. 256

[107] Zit. wie Michael von Taube: Der großen Katastrophe entgegen. Leipzig 1937, S. 379

[108] Adamov/von Lambsdorff: Die Diplomatie des Vatikans zur Zeit des Imperialismus, S. 55

[109] Zit. wie Sidney Bradshaw Fay: Origins of the World War, Bd. II. New York 1930, S. 531

[110] Vgl. Lawrence Lafore: The Long Fuse: An Interpretation of the Origins of World War. Philadelphia 1997, S. 261

[111] Zit. wie George Malcolm Thomson: The Twelve Days. London 1964, S. 152

[112] Zit. wie Richard F. Hamilton/Holger Herwig: Decisions for War. Cambridge University 2012, S. 140

[113] Vgl. Fay: Origins of the World War, Bd. II, S. 532

[114] Vgl. Lord Arbuthnot Fisher: Memories and Records, Bd. 1. Los Angeles 2012, S. 21

[115] Vgl. Niall Ferguson: The House of Rothschild, Bd. 11. London 1999, S. 319

[116] Vgl. Carroll Quigley: The Anglo-American Establishment

[117] Vgl. ebd.

[118] Zit. wie Osterrieder: Welt im Umbruch, S. 792

[119] Vgl. Wolfgang Effenberger: Handstreich von Lüttich – der Irrwitz im Detail. In: Effenberger/Wimmer: Wiederkehr der Hasardeure, Höhr-Grenzhausen 2014, S. 226 ff.

[120] Vgl. Meyers Lexikon, Bd. 12, Leipzig 1930, S. 1227 f.

[121] Vgl. Barbara W. Tuchmann: The Zimmermann Telegramm. New York 1958, S. 10 ff.

[122] Vgl. Archibald C. Bell: A History of the Blockade of Germany and of the countries associated with her in the Great War. London 1937

[123] Vgl. Andreas Hillgruber: Deutschlands Rolle in der Vorgeschichte der beiden Weltkriege, Göttingen 1986, S. 132

[124] Ebd.

[125] Vgl. www.dhm.de/lemo/kapitel/erster-weltkrieg/innenpolitik/septemberprogramm-1914.html

[126] Zit. wie Anton M. Koktanek: Oswald Spengler in seiner Zeit. München 1968, S. 129 f.

[127] Vgl. Gerry Docherty/Jim Macgregor: Die geheimen Ursachen für den Ersten Weltkrieg. In: Effenberger/Macgregor: Sie wollten den Krieg, S. 103

[128] Ebd.

[129] Ebd., S. 100

[130] Zit. wie *Frankfurter Zeitung* vom 30. September 1916: »Kriegsmüdigkeit bei den Alliierten?«

[131] Zit. wie ebd.

[132] Zit. wie ebd.

[133] Archives of Lord Hankey of the Chart: Diaries, Bd. 2

[134] Vgl. War Cabinet 1, CAB 23/1/1

[135] Vgl. Alfred Gollin: Proconsul in Politics. University of Michigan 1964, S. 376

[136] www.dhm.de/lemo/biografie/herbert-asquith

[137] The Nation vom 24. Februar 1917

[138] Zit. wie Herbert Michaelis/Ernst Schraepler (Hrsg.): Ursachen und Folgen. Vom deutschen Zusammenbruch 1918 und 1945 bis zur staatlichen Neuordnung Deutschlands in

der Gegenwart. Bd. 2: Der militärische Zusammenbruch und das Ende des Kaiserreiches. Berlin 1958/59, S. 68 f.

[139] Osterrieder: Welt im Umbruch, S. 1314

[140] Vgl. »Das Geld-Kartell. Wie die US-Notenbank die Weltfinanz manipuliert«. In: *Focus Money* vom 17. Juli 2014; vgl. auch: https://henrymakow.com/deutsche/tag/russland-rothschild-zentralbank/

[141] Speeches of Winston Churchill, New York 1947. Zit. wie: www.kas.de/wf/de/191.1965

[142] Vgl. Harvey Sapolsky/Eugene Gholz/Caitlin Talmadge: US Defense Politics. The Origins of Security Policy. London und Abingdon 2009, S. 4

[143] Zit. wie Matthias Gebauer/Ralf Neukirch/Gordon Repinski/Christoph Schult: Verteidigung: Fortschritt im Schneckentempo. In: *Der Spiegel* 9, 25. Februar 2013

[144] Vgl. Wolfgang Effenberger: Das amerikanische Jahrhundert, Teil 1: Die verborgenen Seiten des Kalten Krieges. Norderstedt 2011

[145] Vgl. Joint Chiefs of Staff: J.C.S. 1920/5, Bd. II: Long-Range Plans for War with the USSR – Development of a Joint Outline Plan for Use in the Event of a War in 1957 (Short Title: »Dropshot«) vom 19. Dezember 1949

[146] Thomas Mann: Deutsche Hörer! Darmstadt 1980

[147] Zit. wie *The Telegraph* vom 27. April 2016

[148] Vgl. Klaus Wiegrefe: Der Unfriede von Versailles. In: *Der Spiegel* 28, 6. Juli 2009

[149] Vgl. Eric W. Osborne: Britain's Economic Blockade of Germany 1914–1919. London/New York 2004, S. 189; C. Paul Vincent: The Politics of Hunger: The Allied Blockade of Germany, 1915–1919. Athens, Ohio 1985

[150] Vgl. Boris Barth: Dolchstoßlegenden und politische Desintegration, Düsseldorf 2003, S. 37

[151] Vgl. U.S. Congress (Hrsg.): Report of the Special Committee on Investigation of the Munitions Industry (The Nye Report), 4. Februar 1936, S. 3-13

[152] Zit. wie: https://politicalvelcraft.org/federal-reserve-1/

[153] Vgl. Arthur M. Schlesinger, Jr./Roger Burns (Hrsg.): Congress Investigates. A Documented History, 1792–1974. New York 1975

[154] Vgl. Effenberger/Wimmer: Wiederkehr der Hasardeure, S. 485-488

[155] Vgl. www.counterpunch.org/2016/06/24/do-we-really-want-a-war-with-russia/

[156] Zit. wie ebd.

[157] Vgl. http://ronpaulinstitute.org/

[158] Julian Corbett: Naval Operations, Bd. 1. London 1921, S. 18

[159] Leo Trotzki: Wohin treibt England? Europa und Amerika. Berlin 1972, S. 54

[160] Um den Krieg zu schüren, wurde behauptet, dass irakische Soldaten bei der Invasion Kuwaits Frühgeborene aus ihren Brutkästen gerissen und auf dem Boden hätten sterben lassen. Vgl.: https://de.wikipedia.org/wiki/Brutkastenl%C3%BCge

[161] Ramsey Clark: »Non à l'Empire«. Interview mit Akram Belkaïd. In: *L'Autre Journal* vom März 1991

[162] Vgl. Vortrag zum Thema »Souveräne Nationalstaaten statt Völkergefängnis EU« am 28. Oktober 2015 in Berlin

[163] Ebd. Persönliche Mitschrift des Autors

[164] https://publicintelligence.net/usarmy-win-complex-world/

[165] Vgl. www.youtube.com/watch?v=oaL5wCY99l8&feature=youtu.be; die gesamte Rede unter www.youtube.com/watch?v=QeLu_yyz3tc

[166] zweimal Präsidentschaftskandidat der Republikaner

[167] www.paulcraigroberts.org/2014/10/06/washington

[168] US Army Is Preparing For Decades Of Hybrid Wars 2025 – 2040. Vgl. https://southfront.org/us-army-preparing-decades-hybrid-wars/

[169] Vgl. www.german-foreign-policy.com/news/detail/7471/

[170] www.karlspreis.de/de/aktuelles/karlspreis-2018

[171] https://linkezeitung.de/2017/12/12/steht-die-geplante-eu-armee-in-konkurrenz-zur-nato/